D1751417

Fotos und Konzept
Georg Tedeschi

Gestaltung und Konzept
Joachim J. Kühmstedt

Texte
Prof. Dr. Werner Lauff
Jakob Encke
Prof. Dr. Hugo Schmale
Amadeus Templeton

Herausgeber
Dr. Axel Sikorski
Amadeus Templeton
Boris Matchin

Editorial von Dr. Axel Sikorski

Unter dem Leitgedanken „Der Zukunft Gehör verschaffen" sind die beiden TONALi10-Initiatoren Amadeus Templeton und Boris Matchin angetreten, gleich zwei Kategorien von angehenden Musikern eine faszinierende Herausforderung zu bieten, nämlich Violinisten und Komponisten. Bereits diese Kombination hat aufhorchen lassen. Die hohe Professionalität, mit der das Vorhaben verfolgt wurde, hat – nicht zuletzt unterstützt durch das charmante Umwerben durch die Initiatoren – dazu geführt, dass eine Vielzahl renommierter Persönlichkeiten des internationalen Musiklebens sich unterstützend und teilweise in Jurys und Komitees aktiv mitwirkend angeschlossen haben, allen voran Christoph Eschenbach und

Sofia Gubaidulina. Die Wettbewerbe sowie die sie begleitenden innovativen Aktivitäten wie Facebook, TicketContest oder SMS-Voting wurden dann in Perfektion durchgeführt. Höhepunkt waren dabei zweifellos die Wettbewerbstage und das große Abschlusskonzert im August 2010 in der Laeiszhalle Hamburg. Die jungen Kandidaten haben dabei eine Viel-

doppelseite 4

zahl von Eindrücken gewinnen können, die von Äußerlichkeiten wie rotem Teppich und VIP-Shuttle in begehrten Sportfahrzeugen bis hin zu den naturgemäß aufregenden Momenten eines Musikwettbewerbs samt Konzertauftritt mit dem Ensemble Resonanz reichten. Während der ganzen Zeit wurden sie bei diesen prägenden Erlebnissen intensiv persönlich begleitet,

so dass alle Beteiligten sich wohl aufgehoben fühlen durften.
Mit dem vorliegenden Band erscheint nun eine Dokumentation des Projekts TONALi10, die genau diese magischen Momente einfangen und wiedergeben möchte.
Die Fotos von Georg Tedeschi geben die besondere Atmosphäre im Rahmen dieser Veranstaltungen prägnant wieder und werden

doppelseite 5

im ungewöhnlichen Layout von Joachim Kühmstedt regelrecht inszeniert. Abgerundet wird die Darstellung durch die Vermittlung der persönlichen Erfahrungen aus diesem Projekt sowie deren wissenschaftliche Einordnung durch die enthaltenen Textbeiträge. Allen, die an TONALi10 und diesem Buch mitgewirkt haben, gilt mein herzlicher Dank.

Hamburg, im Januar 2011

„Wer Vorbilder fördert, fördert alle."

doppelseite 7

NACH WUCHS

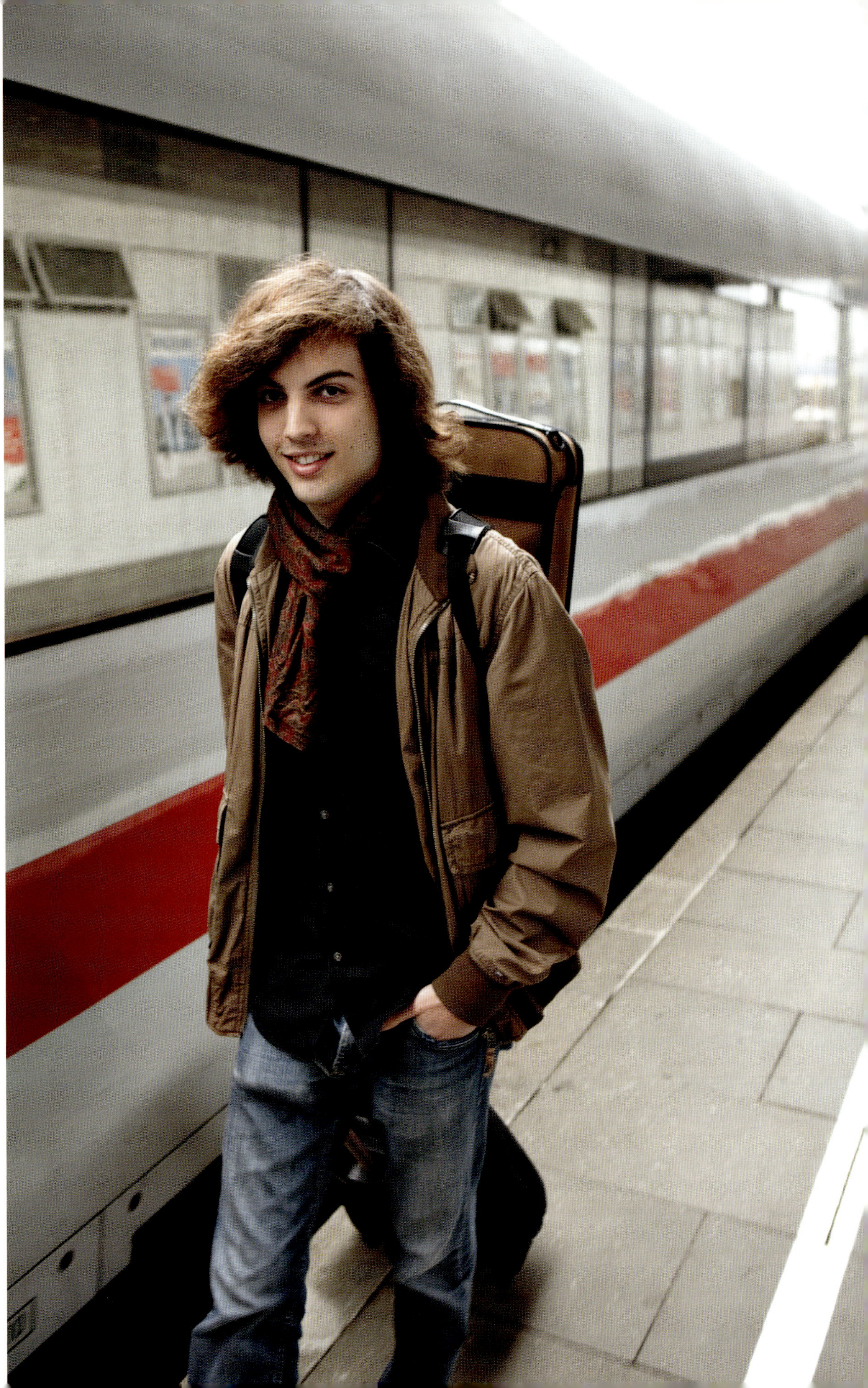

doppelseite 8

doppelseite 9

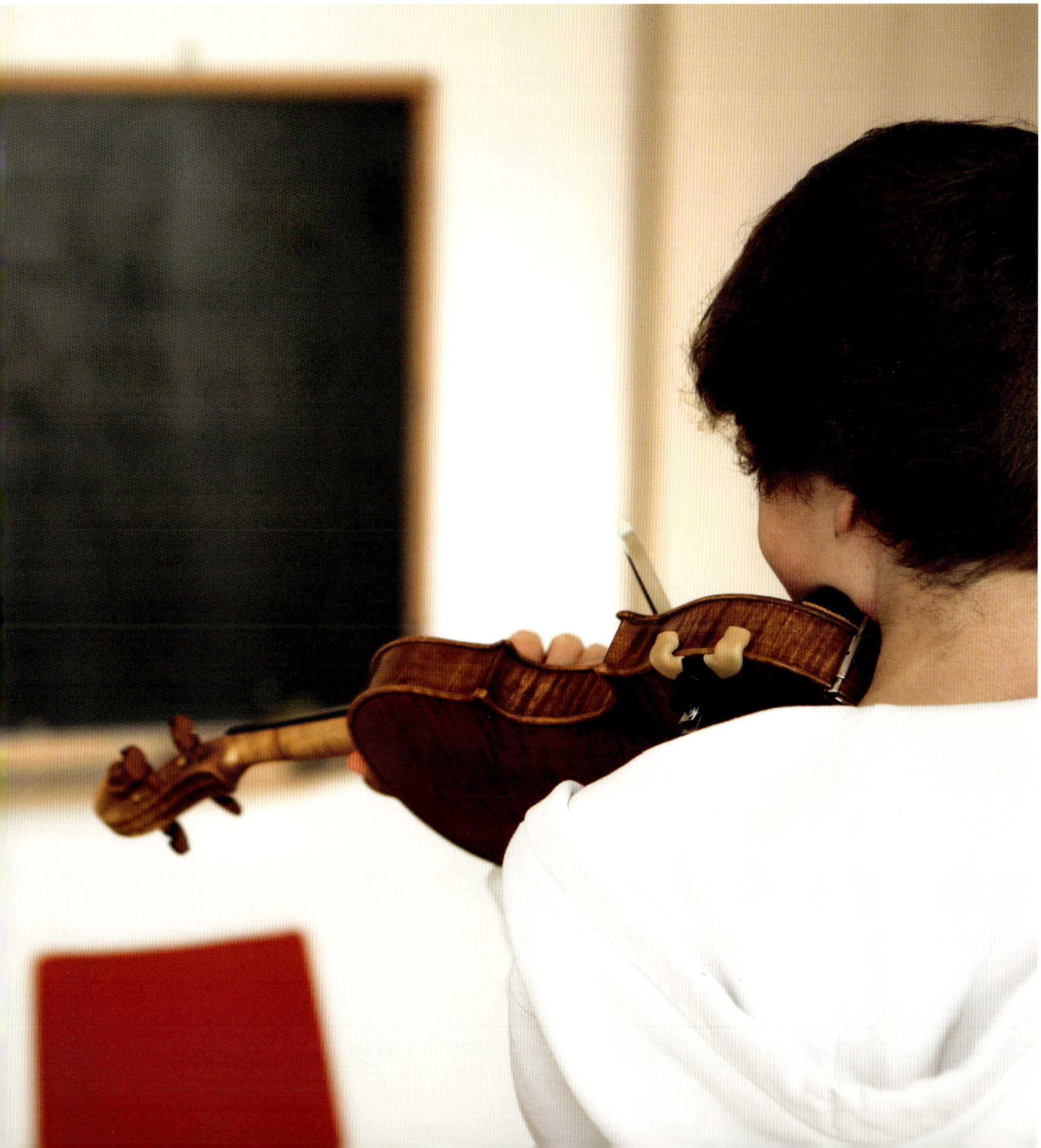

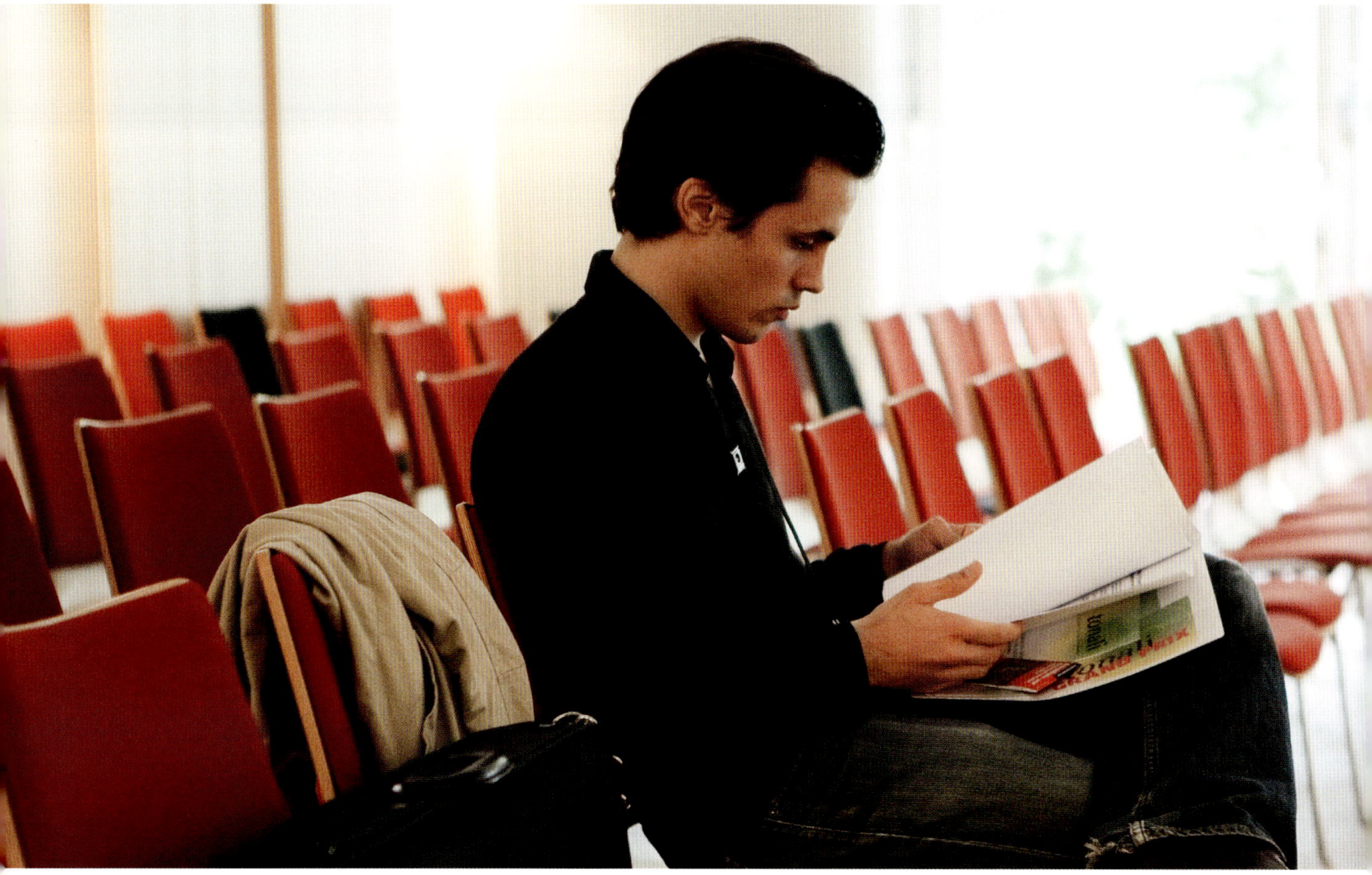

doppelseite 10

doppelseite 12

„Was diesen Wettbewerb besonders macht, ist, dass man lernt, dass man nicht gegeneinander spielt, sondern dass alle Musik machen wollen, dass man für sich spielen muss, für andere Leute, für die Musik und nicht dahin geht und sagt: Jetzt mache ich den ersten Preis."

Hannah Burchardt, 19

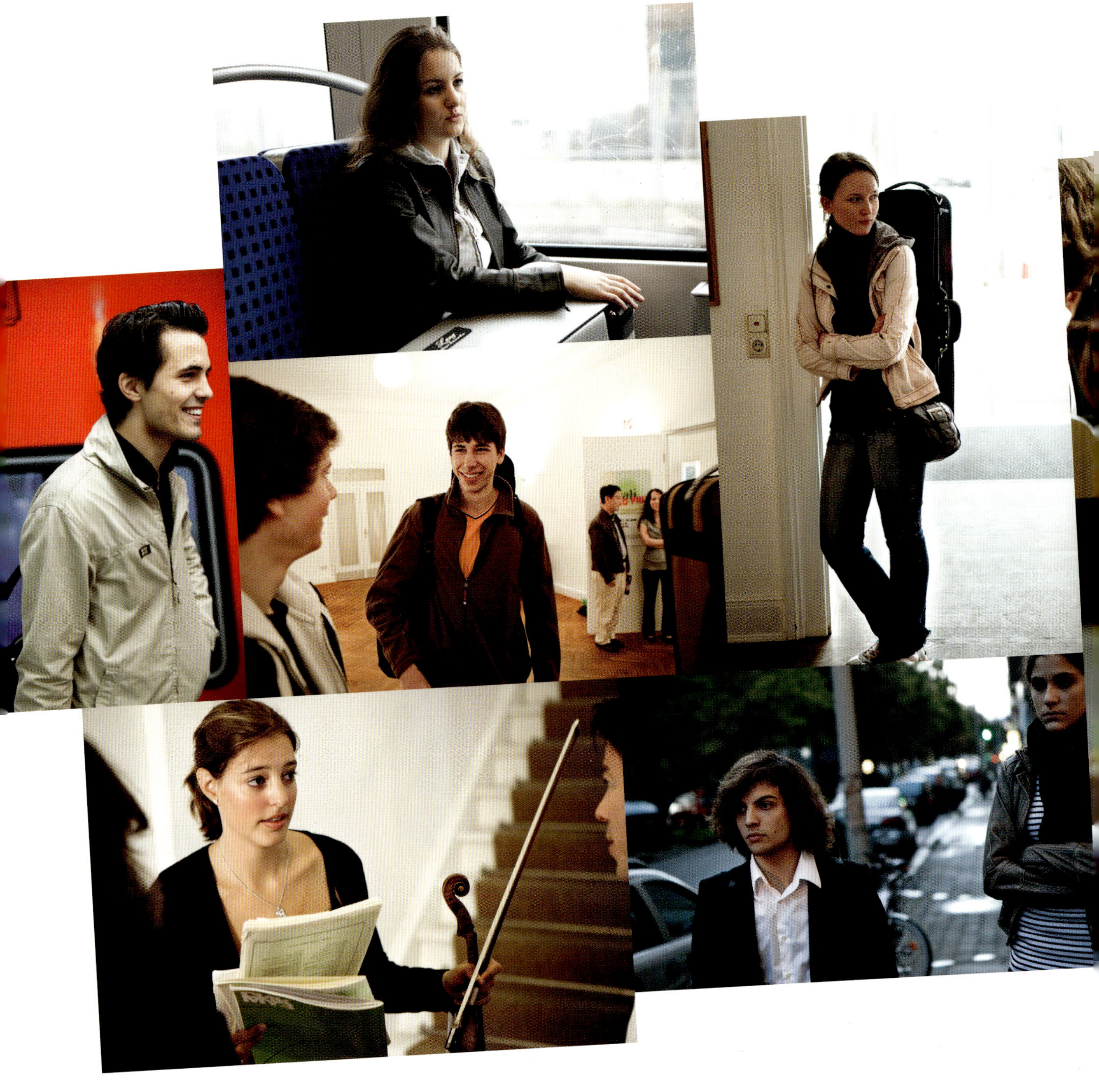

doppelseite 13

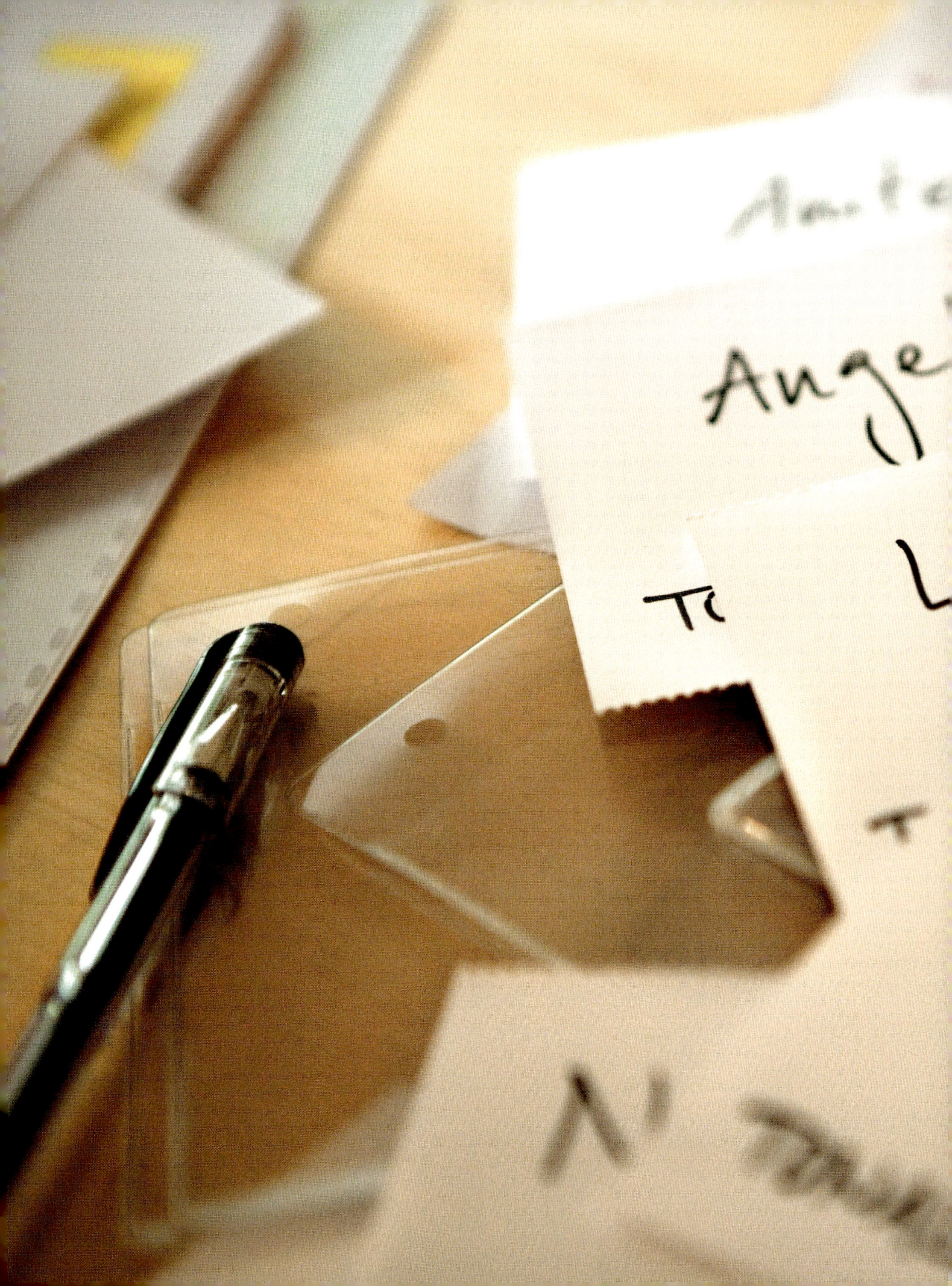

ucas

Grand Prix

Philipp

"... mein Bruder hat mich
mit sechs Jahren habe ich
es hat mir auf Anhieb

doppelseite 15

zur Musik gebracht...
angefangen Geige zu spielen,
Spaß gemacht."

Angelo De Leo, 19

"Bühnenangst? Nein. Also, ich fühle mich der Bühne ziemlich wohl."

Anite Stroh, 15

doppelseite 16

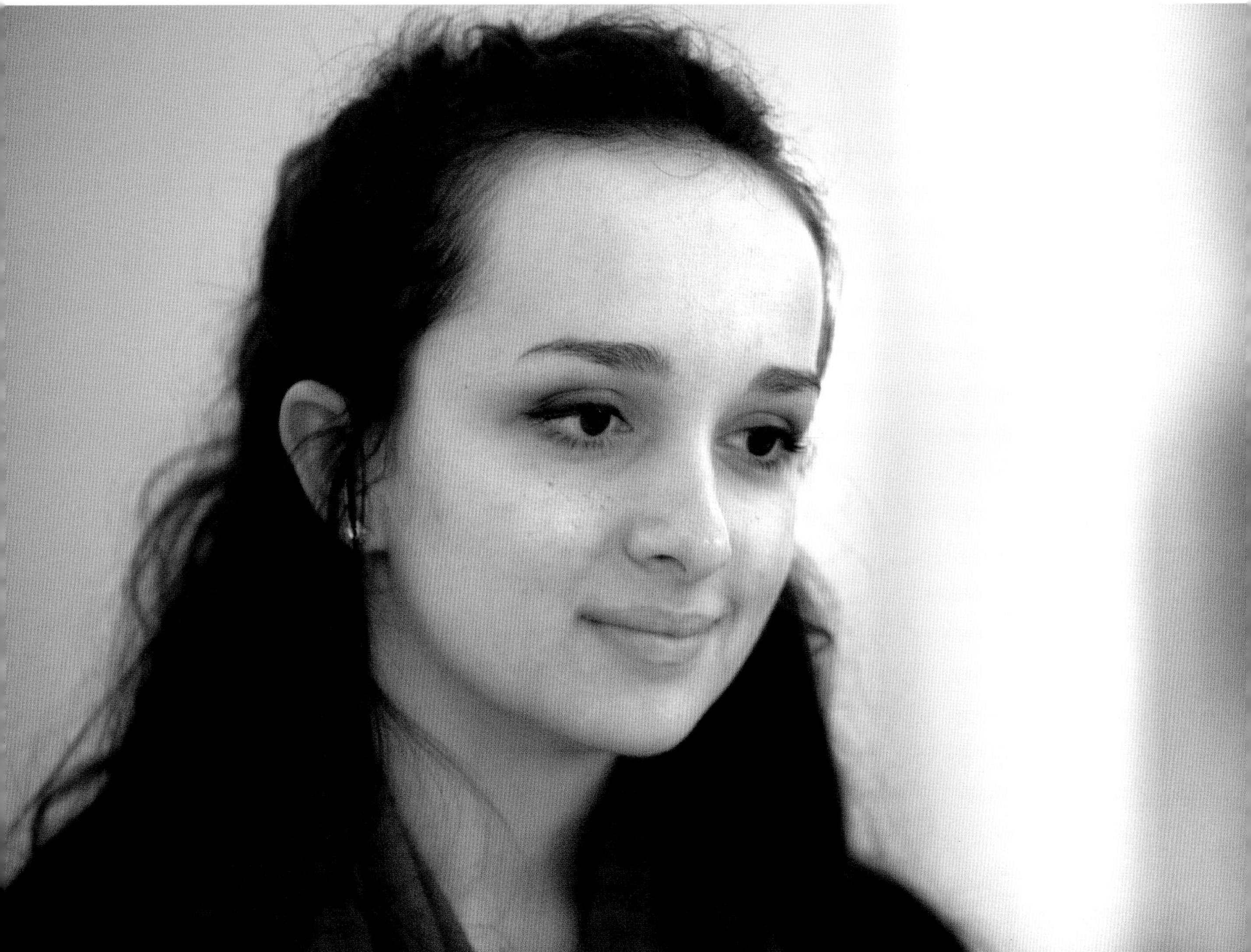

Christina Brabetz, 17

Ich habe daran gedacht, jenes rüber zu bringen, woran ich gearbeitet habe,... habe versucht es einfach zu genießen, was schwer ist, durch den Druck den man in einem Wettbewerb hat.

doppelseite 17

Hannah Burchardt, 19

Wenn ich spiele, muss ich eine Beziehung zum Komponisten und zum Stück aufbauen.

doppelseite 18

Jakob Encke, 16

Weil ich in der Familie sehr viele Musiker habe, hatte ich sehr früh Kontakt zur Musik, wodurch ich mich schnell dafür interessierte und den Wunsch hegte, selbst ein Instrument zu spielen – Die Geige...

"... ich habe mich so gut vorbereitet wie es geht, ich habe meine ganze Zeit und Kraft investiert."

Katerina Chatzinikolau, 20

doppelseite 20

doppelseite 21

Lucas Brunnert, 21

"... darum geht es eigentlich in der Musik, wir wollen Menschen berühren. Wir wollen die Sprache, die Emotionen die in all diesen tollen Stücken steckt, von all diesen tollen Komponisten, die wollen wir vermitteln. Ein Konzert soll auch Spaß machen, ich will mit einem guten Gefühl nach Hause gehen."

Nadezda Pyatakova, 20

"… sie ist so etwas wie mein dritter Arm, es ist etwas Göttliches!"

doppelseite 22

doppelseite 23

"Ich bin ein Leben lang verbunden mit der Geige. Jetzt ist es zu spät um aufzuhören oder einen anderen Weg einzuschlagen. Das ist mein Leben, ich habe es mir ausgesucht, und mir gefällts."

Philipp Wollheim, 18

Teresa Novák, 19

„Wenn ich von heut' auf morgen aufhören müsste Geige zu spielen, würde so etwas wie eine Welt für mich zusammenbrechen, da sich sehr, sehr vieles nach meiner Geige richtet.

doppelseite 24

doppelseite 25

Musik bedeutet mir sehr viel, weil ich praktisch in die Musikerwelt hineingeboren wurde. Meine Eltern sind ja beide Musiker...
Musik war also immer ein Teil von mir und wird es auch immer bleiben.

Verena Chen, 17

„Wer alle fördert,
fördert Vorbilder."

„Es ist schwierig, im jungen Alter ein Verständnis für Musik zu haben. Man muss erst mal mehr Erfahrung haben – im Leben. Als ich 10 war, habe ich mehr so ein Gefühl bekommen für die Musik."

Christina Brabetz, 17

doppelseite 28

doppelseite 29

„Es sind drei harte Tage, die alle Musiker durchmachen müssen, ob sie weiterkommen oder nicht – weil sie alle das gleiche Programm vorbereiten müssen."

Katerina Chatzinikolau, 20

doppelseite 30

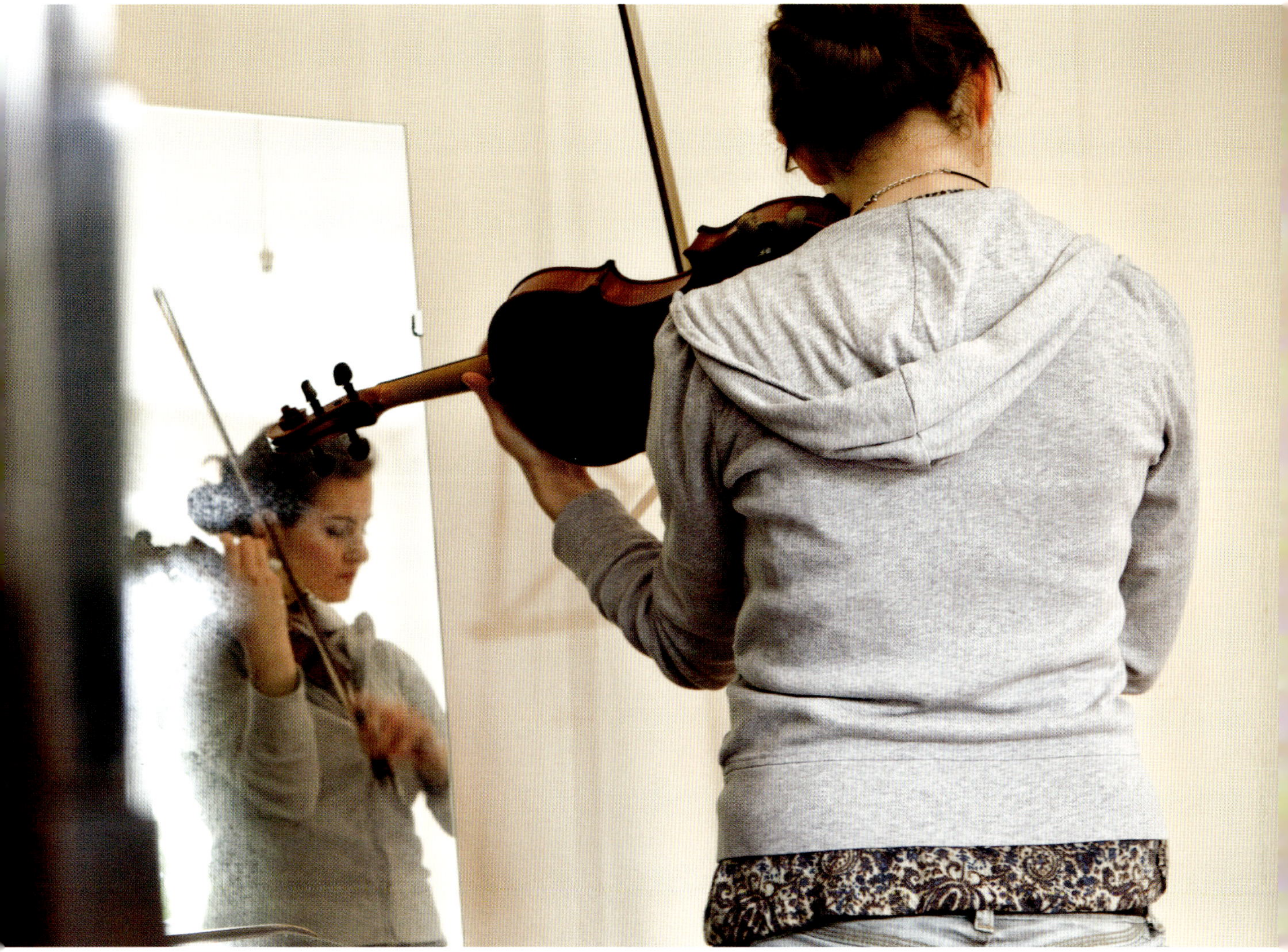

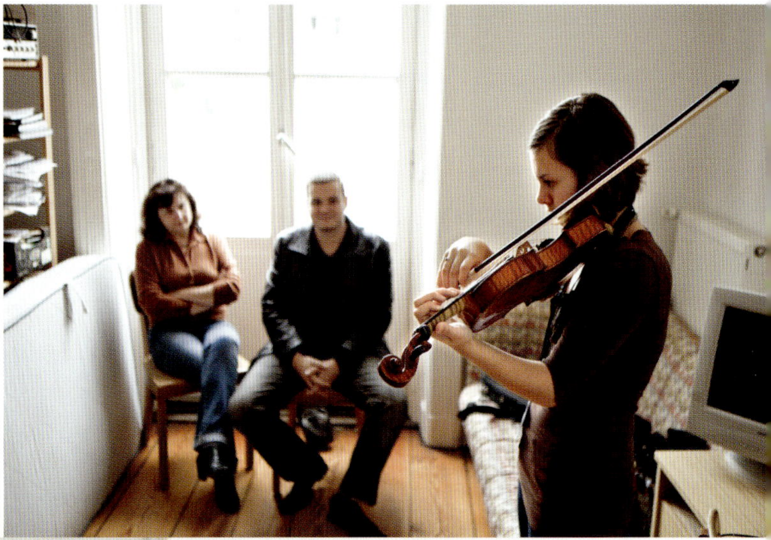

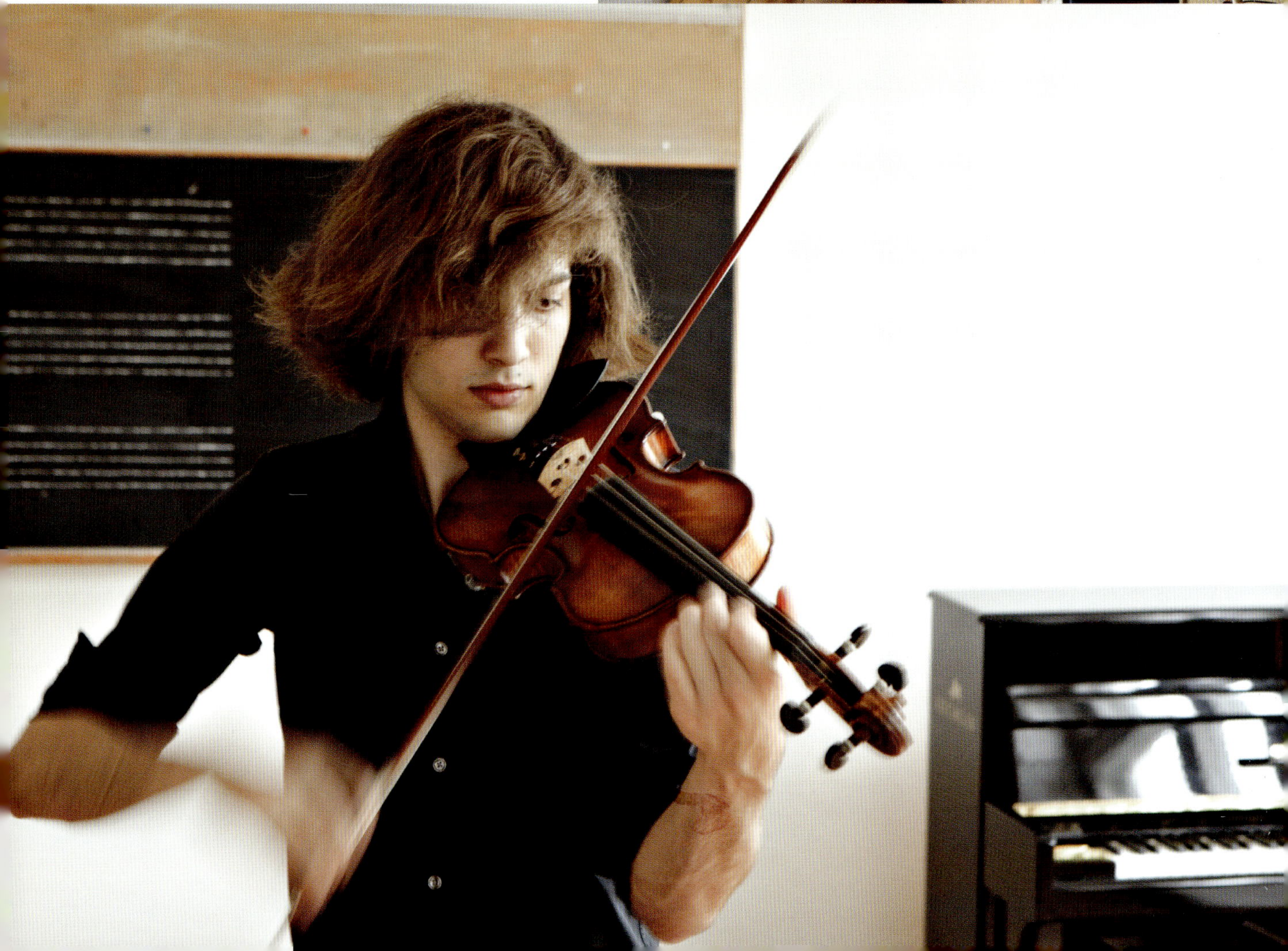

doppelseite 31

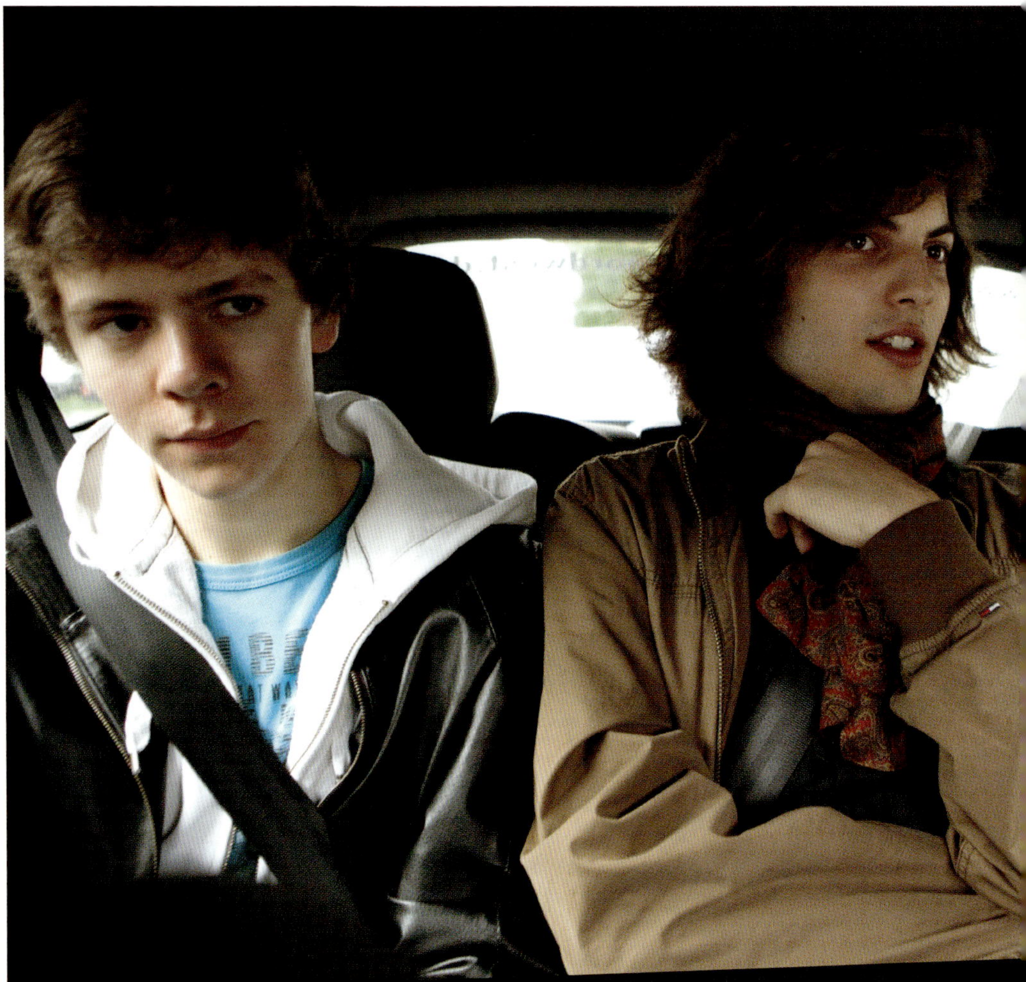

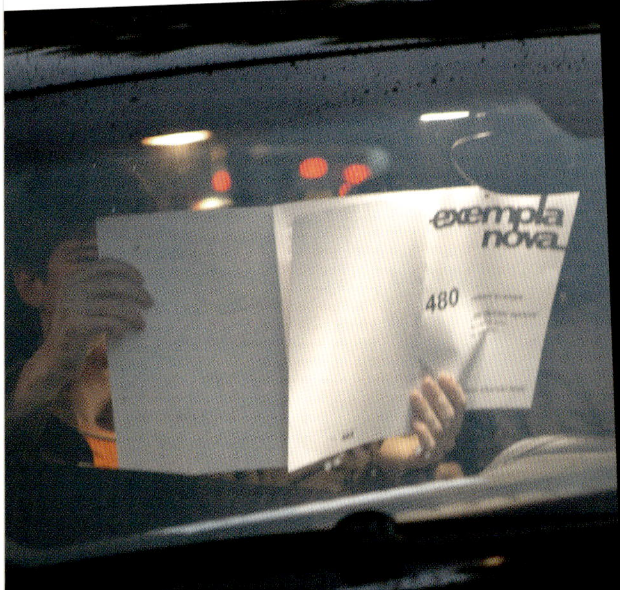
exempla
nova
480

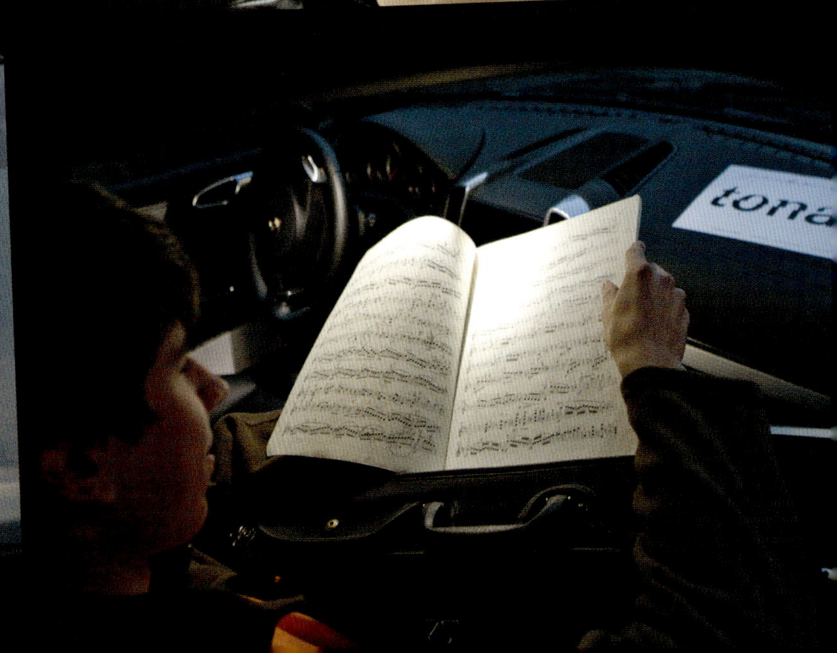

doppelseite 33

doppelseite 34

„Es sind zwei Dinge, die nicht sein müssen meiner Meinung nach: Es gibt Typen, die spielen perfekt, aber das ist das, was man auf jeder zweiten Aufnahme so hört. Dann denkt man, wenn ich bei dem ins Konzert gehe, kann ich auch bei dem ins Konzert gehen. Irgendwie muss es etwas Besonderes haben. Es darf nicht immer das Gleiche haben. Was ich auch für unangebracht halte, dass man dadurch rauskommt, dass man etwas ganz Verrücktes, Ungewöhnliches macht."

Jakob Encke, 16

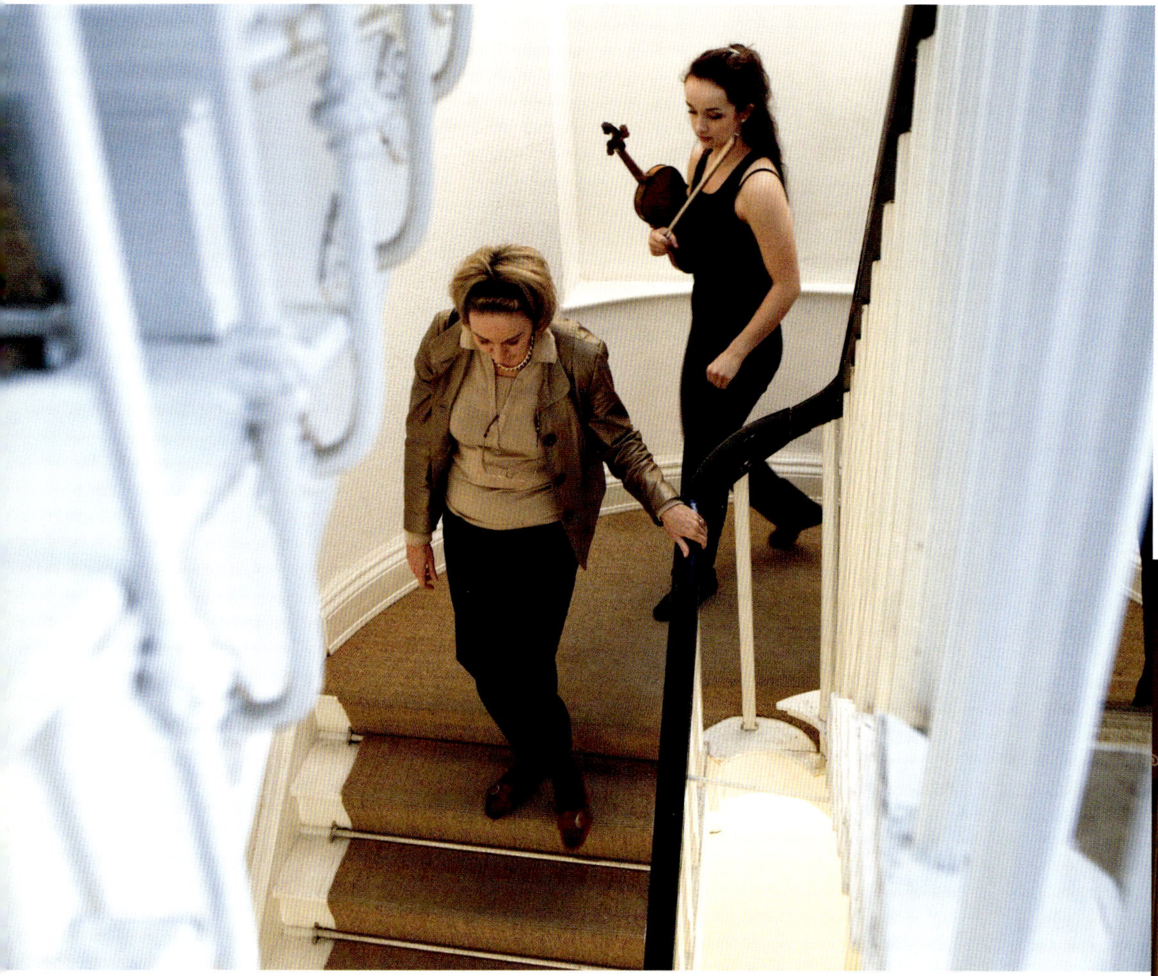

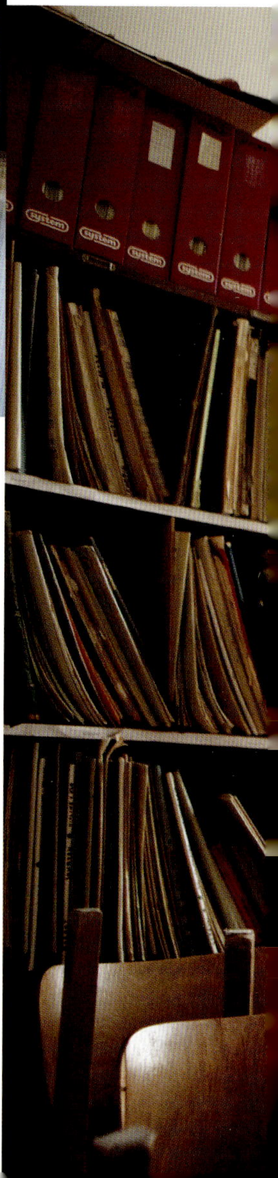

doppelseite 35

„Wenn man ganz ehrlich ist, bei manchen Leuten weiß man es doch sofort: Da kommt eine Person auf die Bühne, die mich als Publikum treffen soll, mich packen soll, und dann geht's nur noch um die Musik, und die hat keine Angst, ob sie nun jemandem gefallen möge oder nicht, interessiert dann in dem Moment auch nicht. Da ist die Vision so stark, dass du denkst, sie will die Musik einfach nur rüberbringen."

Florian Donderer

doppelseite 36

doppelseite 37

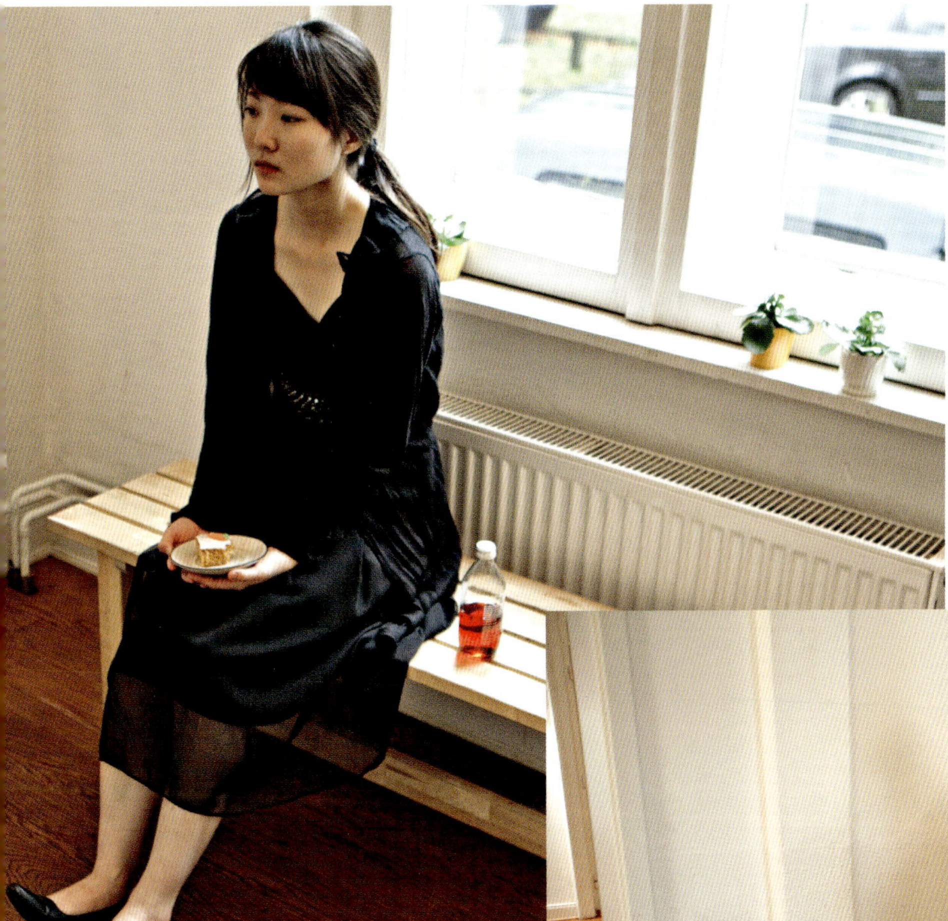

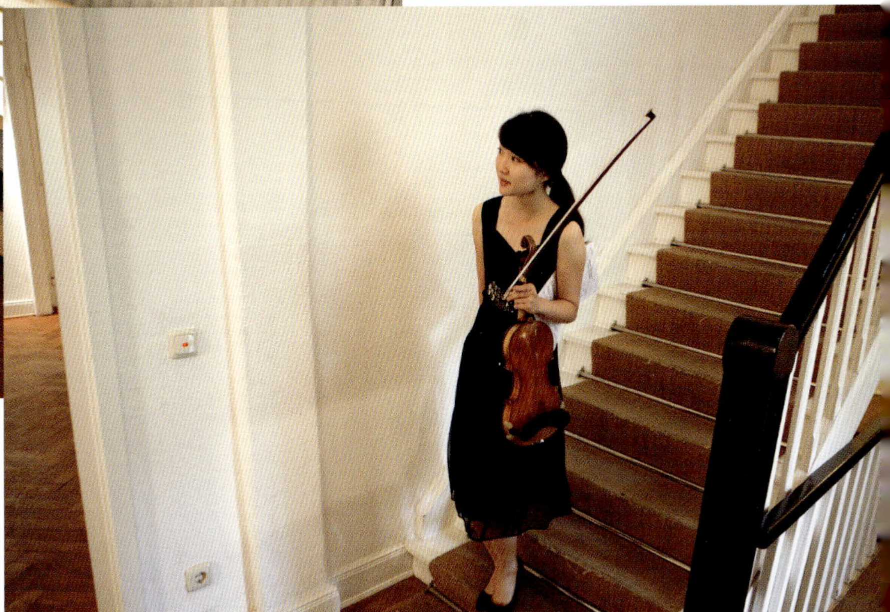

doppelseite 38

„Ich liebe meine Geige."
Nadezda Pyatakova, 20

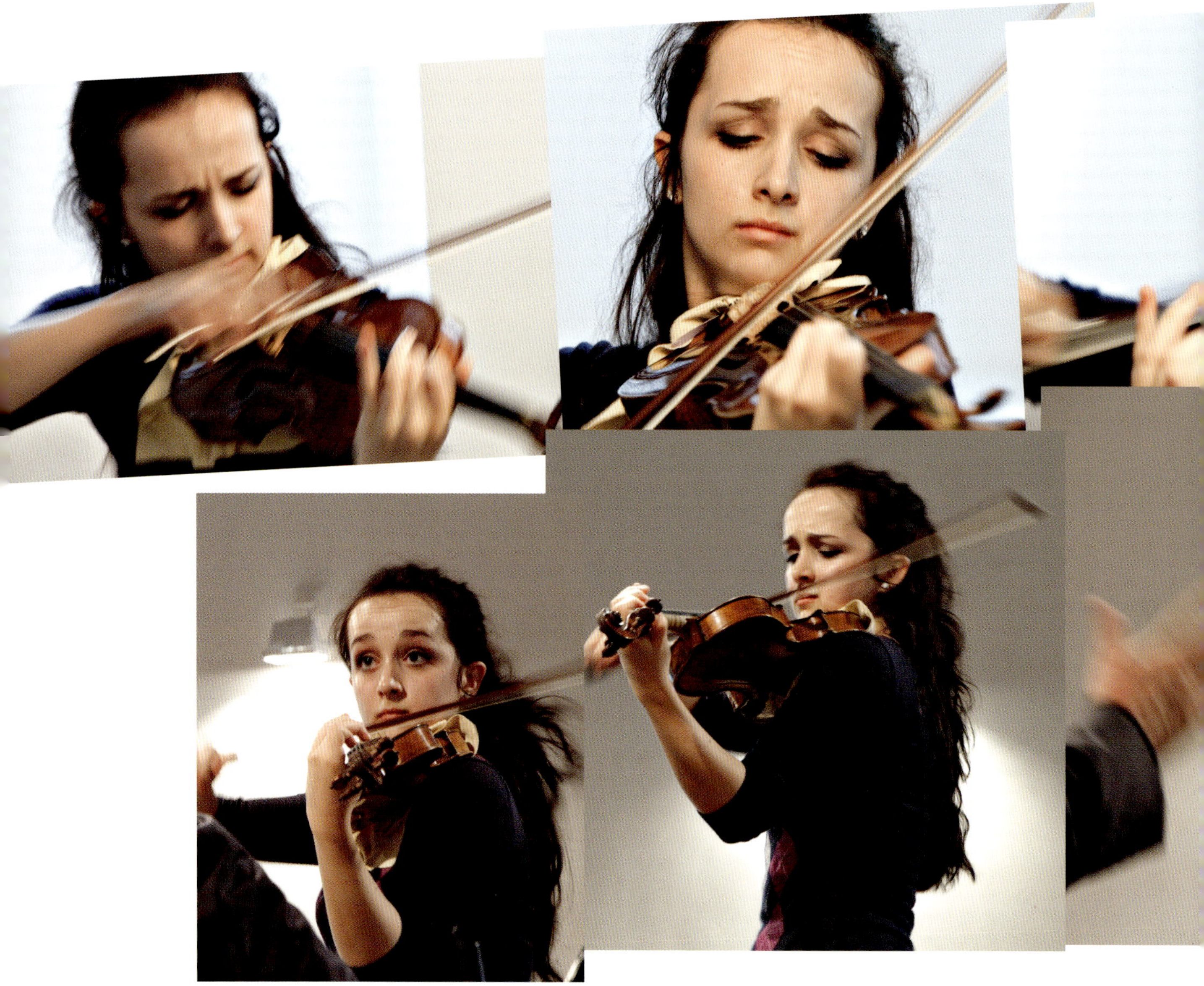

doppelseite 39

doppelseite 40

„Wenn man kein Geräusch
Hannah Burchardt, 19
hört und absolute Stille
herrscht und das Gefühl hat,
dass wirklich alle zuhören
und gefesselt sind – ja, das ist
schon ein tolles Gefühl."

„Ich kann mich erinnern: Da habe ich einen Wettbewerb gewonnen. Danach sind alle gefahren. Ich habe geweint, weil mein Gefühl war: Ich hatte nichts mehr in mir. Ich wollte nichts mehr und wusste nicht mehr, was ich will – ich jetzt machen soll."

Nadezda Pyatakova, 20

doppelseite 41

„Ich war erstaunlich ruhig vor dem Spielen, auch wenn mir die Finger in der linken Hand ziemlich weh getan haben."

Hannah Burchardt, 19

doppelseite 43

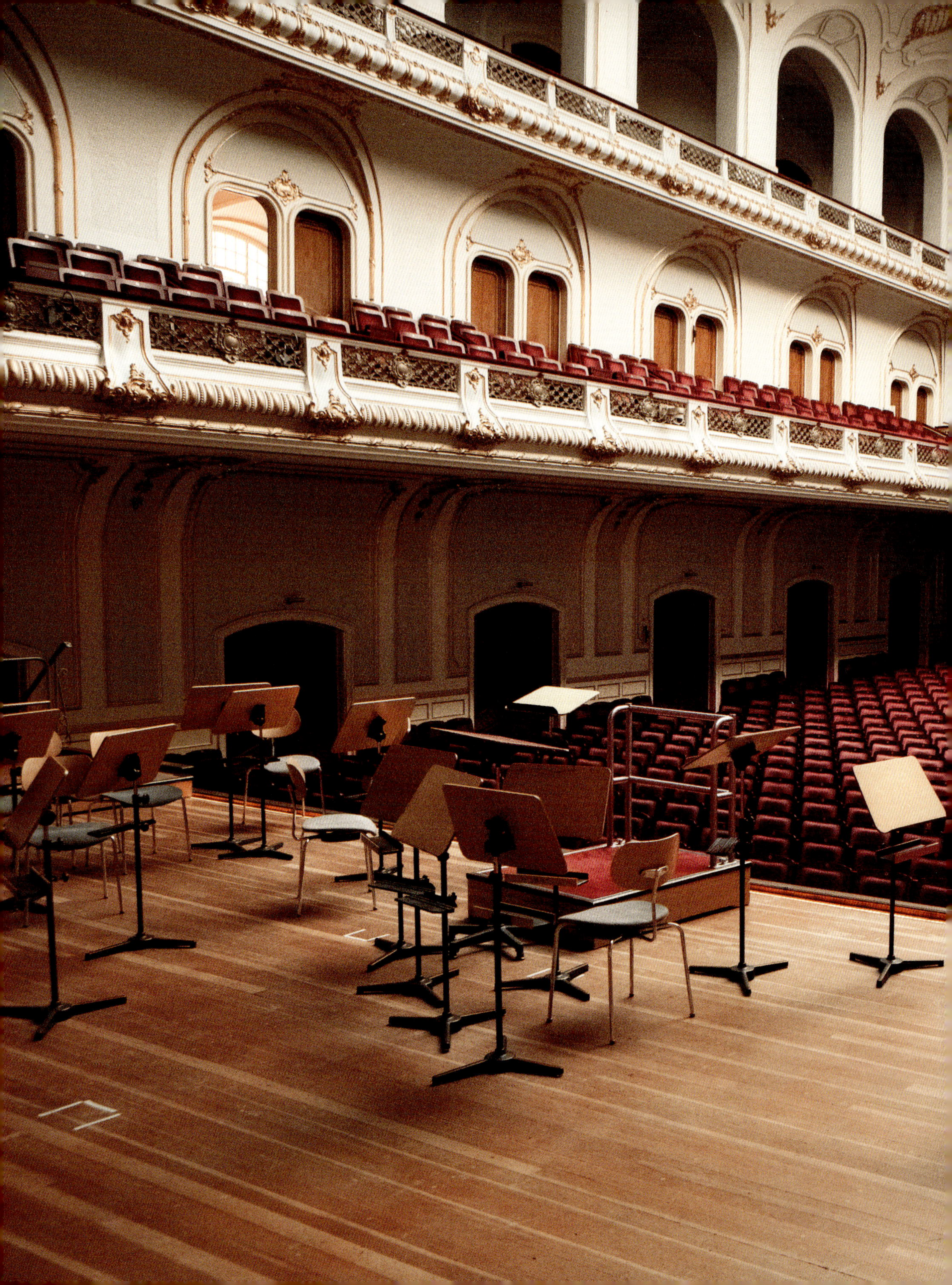

Laeiszhalle, Hamburg

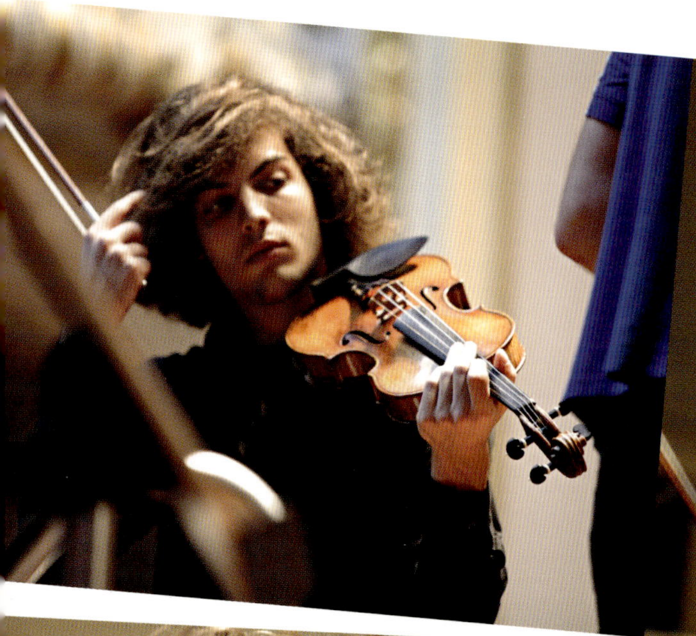
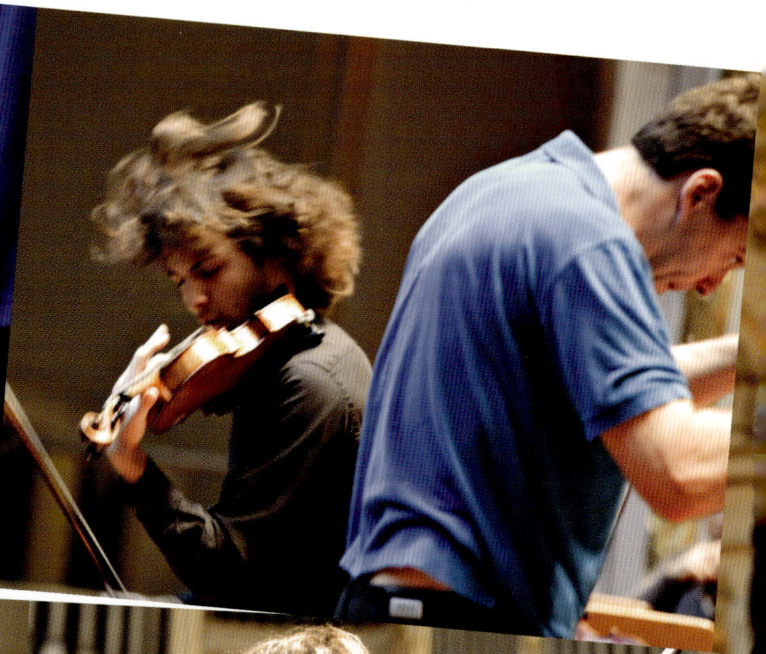
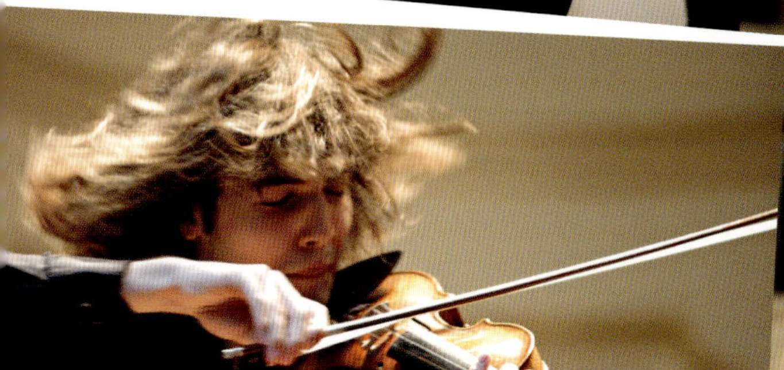
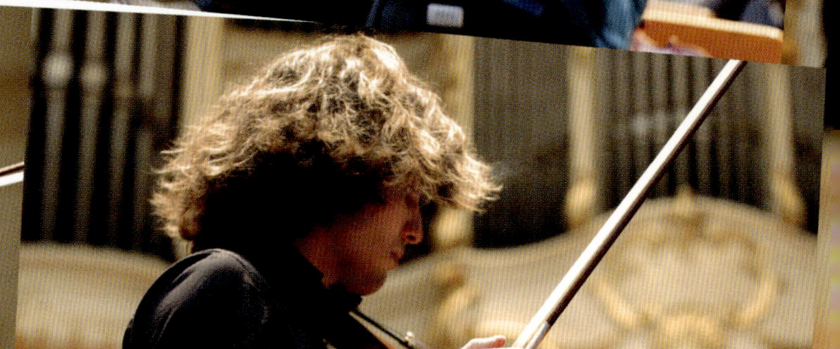

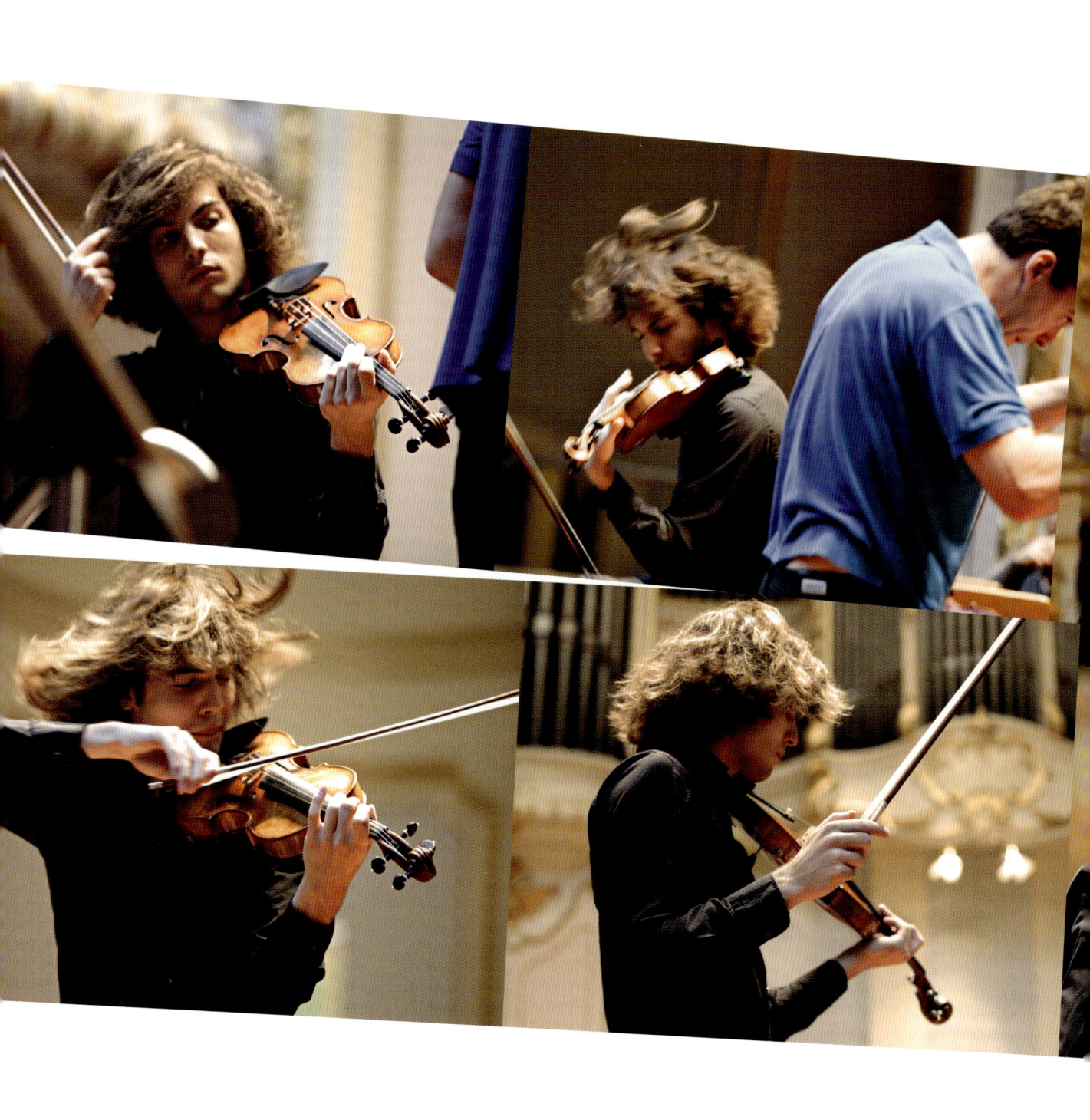

doppelseite 45

doppelseite 46

Bühne
Grosser Saal

„Ich muss mich konzentrieren und meine Geschichte von Anfang bis Ende erzählen."

Yeo-Jin Noh, 21

„Man kann das spielen, was in den Noten steht, aber dann muss noch etwas aus einem selbst kommen, was das Stück zum Leben erweckt. Man darf nicht einfach nur spielen, was in den No-

Hannah Burchardt, 19

ten steht, man muss es selbst fühlen, selbst einen eigenen Weg finden, wie man es interpretiert. Deswegen können Stücke völlig verschieden von unterschiedlichen Leuten gespielt werden."

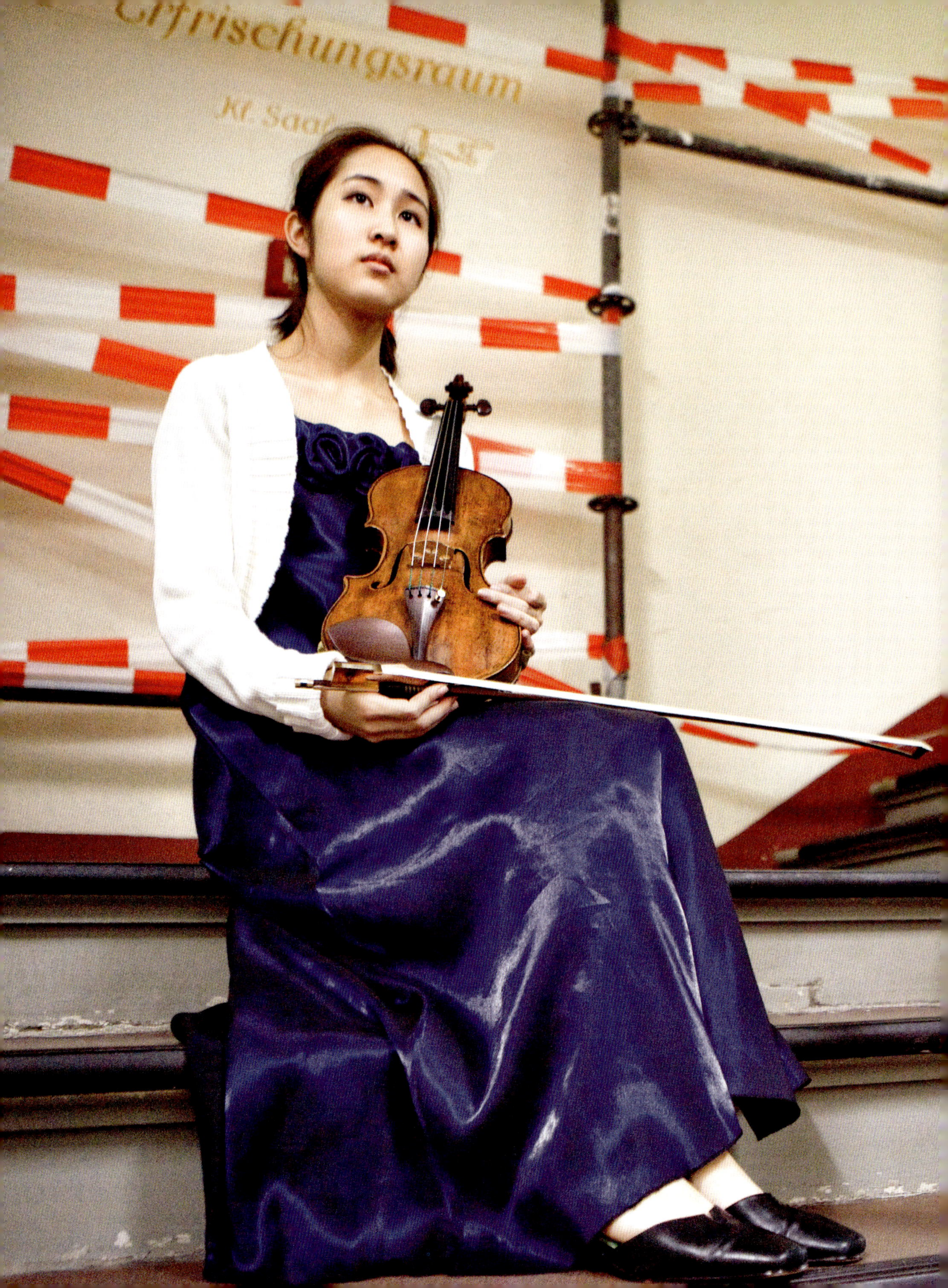
Erfrischungsraum

doppelseite 48

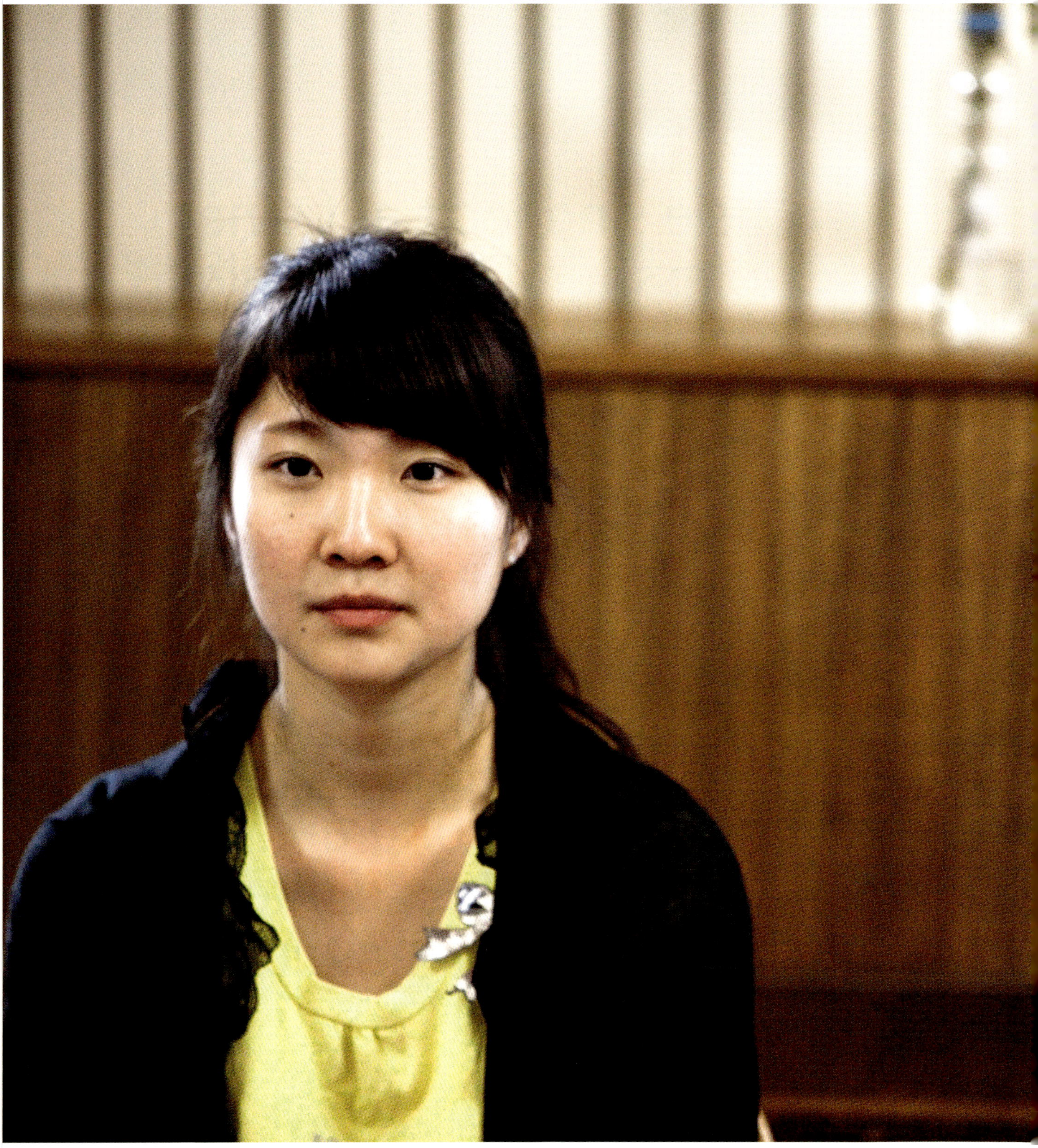

doppelseite 50

doppelseite 51

Gabriel Feltz, Dirigent

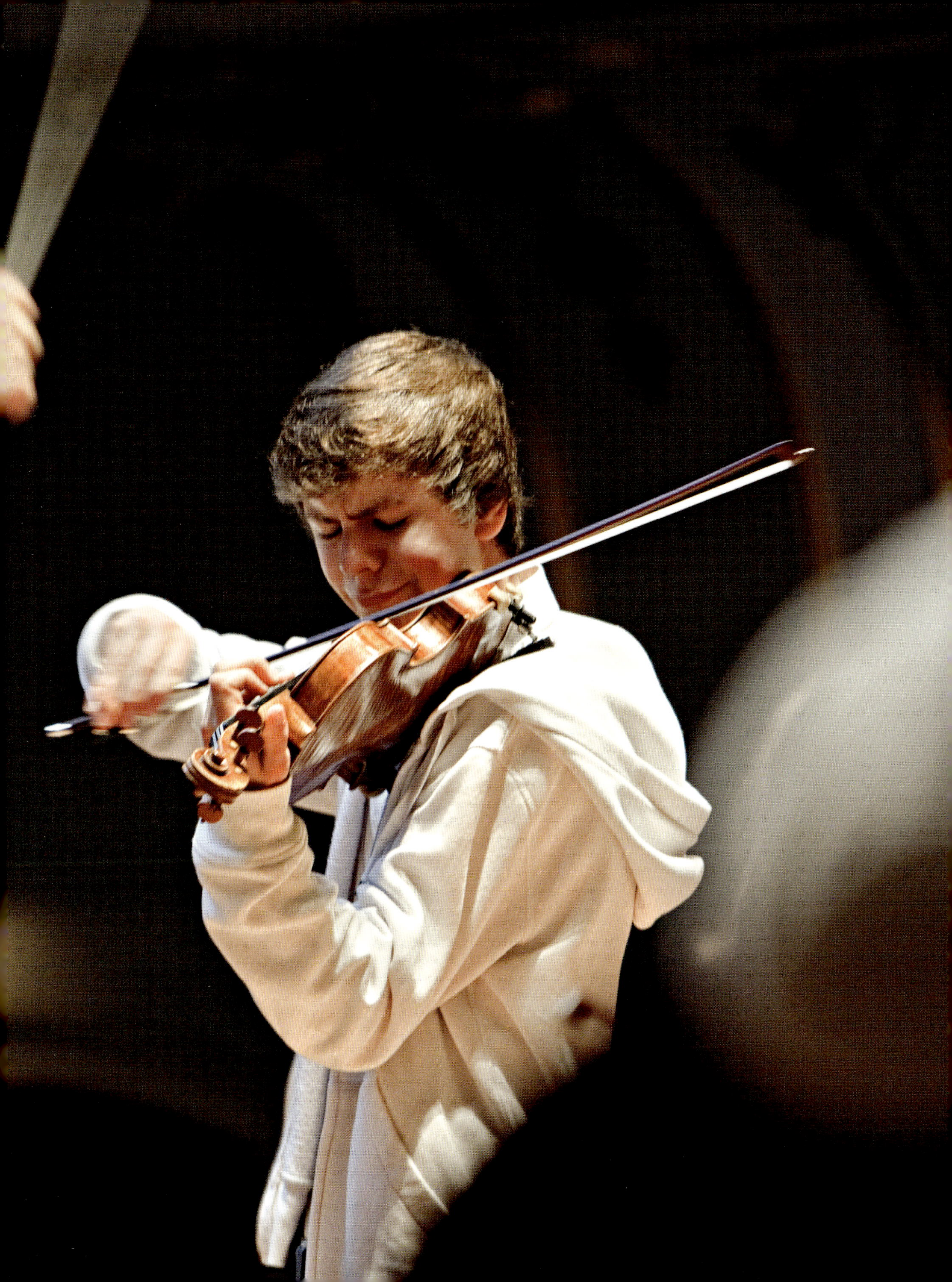

Ensemble Resonanz

doppelseite 52

doppelseite 53

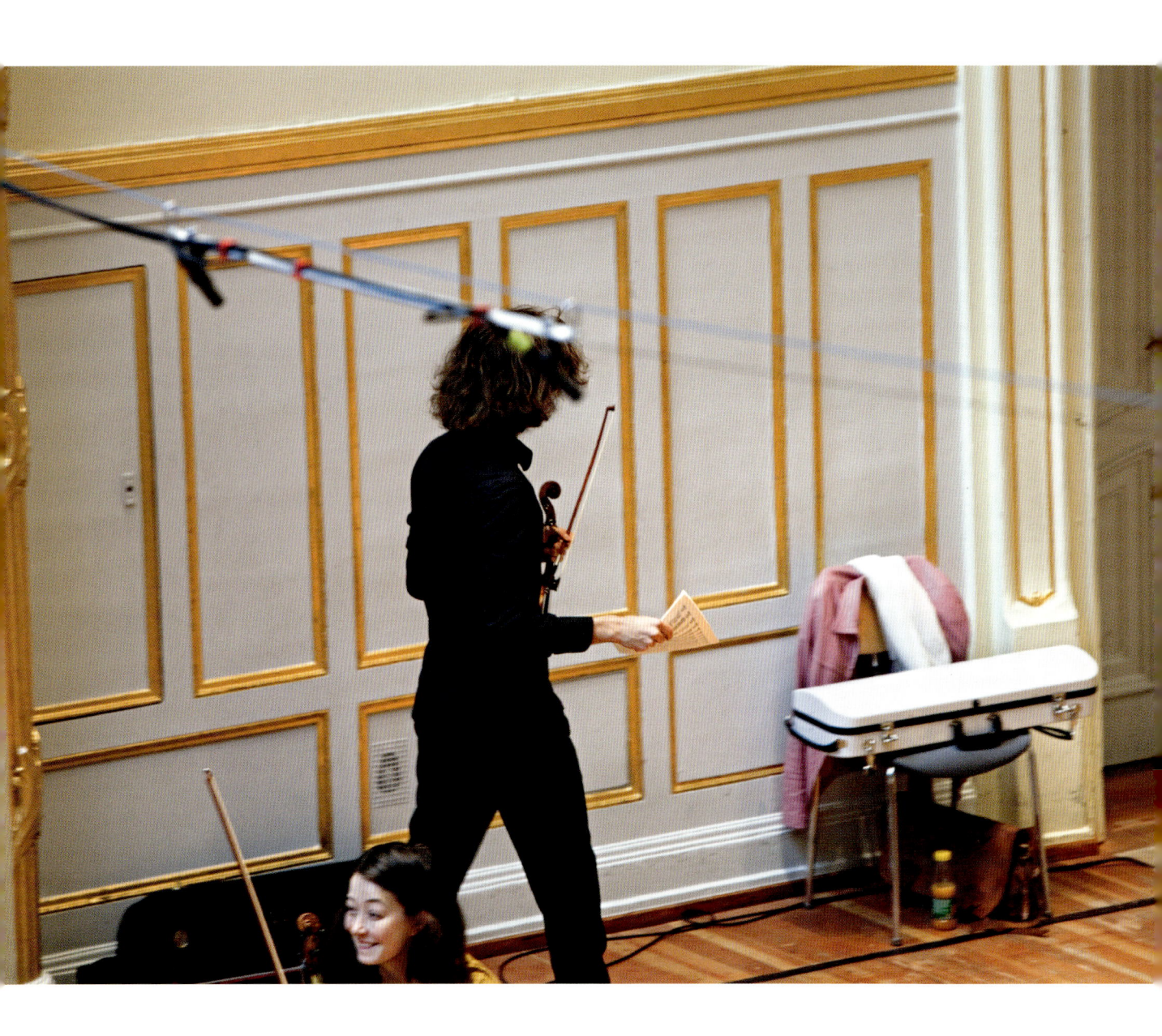

„Ich war total enttäuscht. Es hat fast nichts geklappt. Ich war zu viel am Denken und es ging einfach nicht vorbei. Es hat einfach nicht hingehauen. Ich war total sauer danach und hab dann die Noten weggeschmissen."

Philipp Wollheim, 18

Laeiszhalle, Hamburg

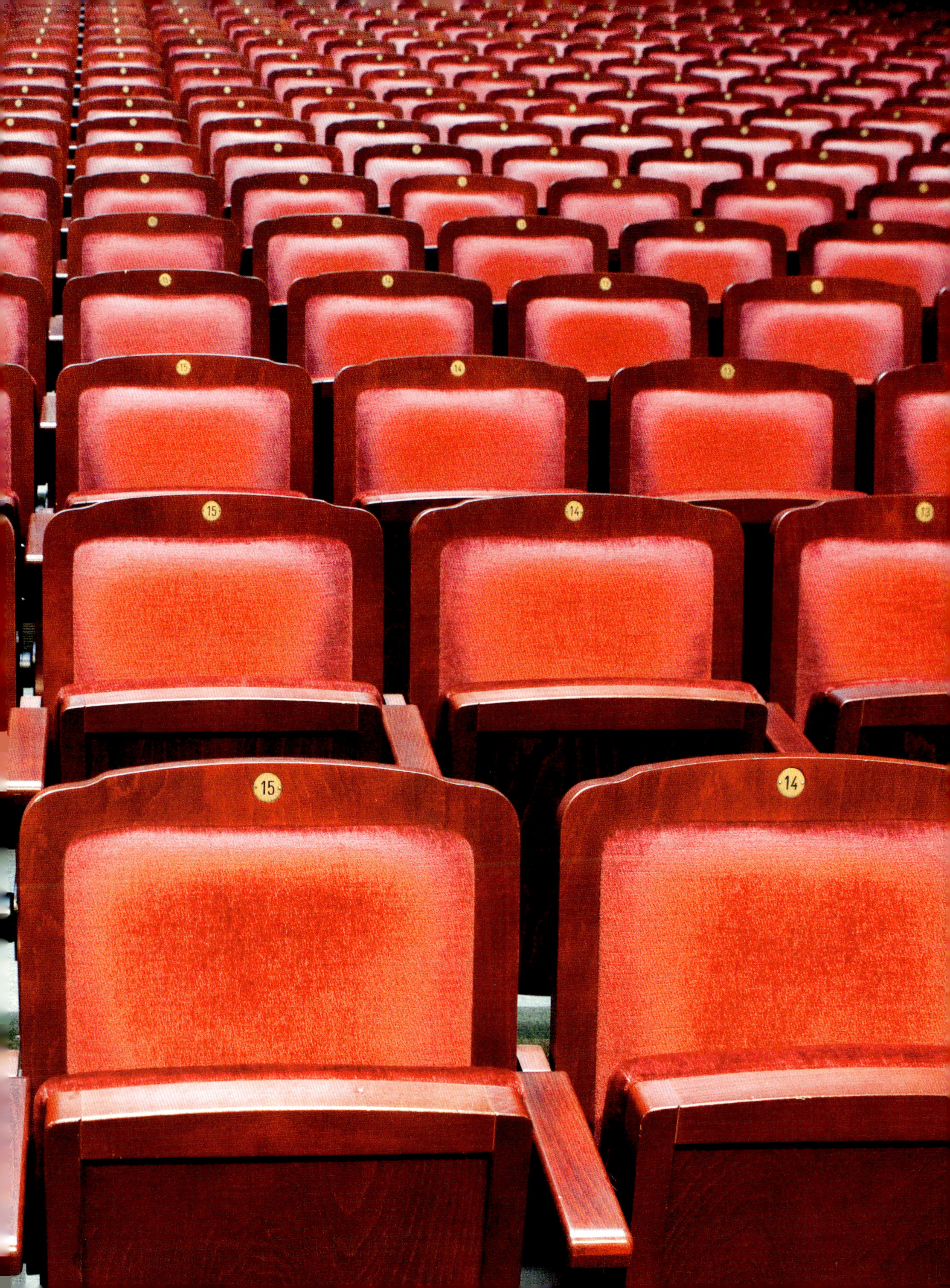
15
14
13

„Konzerte, Wettbewerbe, Auftritte. Das ist nicht die Hauptsache. Das sind nur Schritte für deinen Traum."

Nadezda Pyatakova, 20

doppelseite 55

Bild aus dem Dokumentarfilm „TONALi10 / Grand Prix der Geiger" von Delmar Mavignier. Die drei Finalisten kurz vor der Preisverleihung.

doppelseite 56

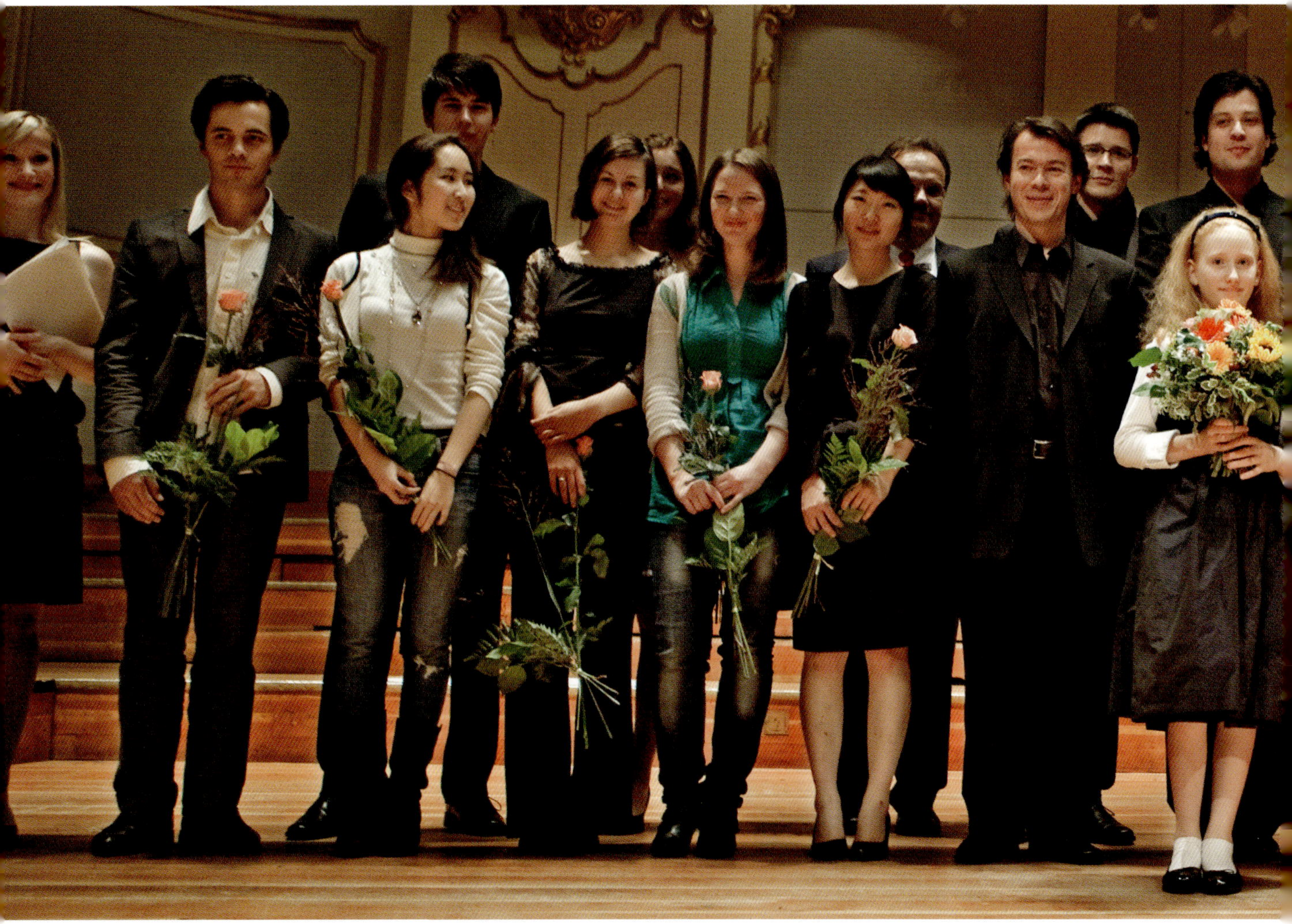

doppelseite 57

doppelseite 58

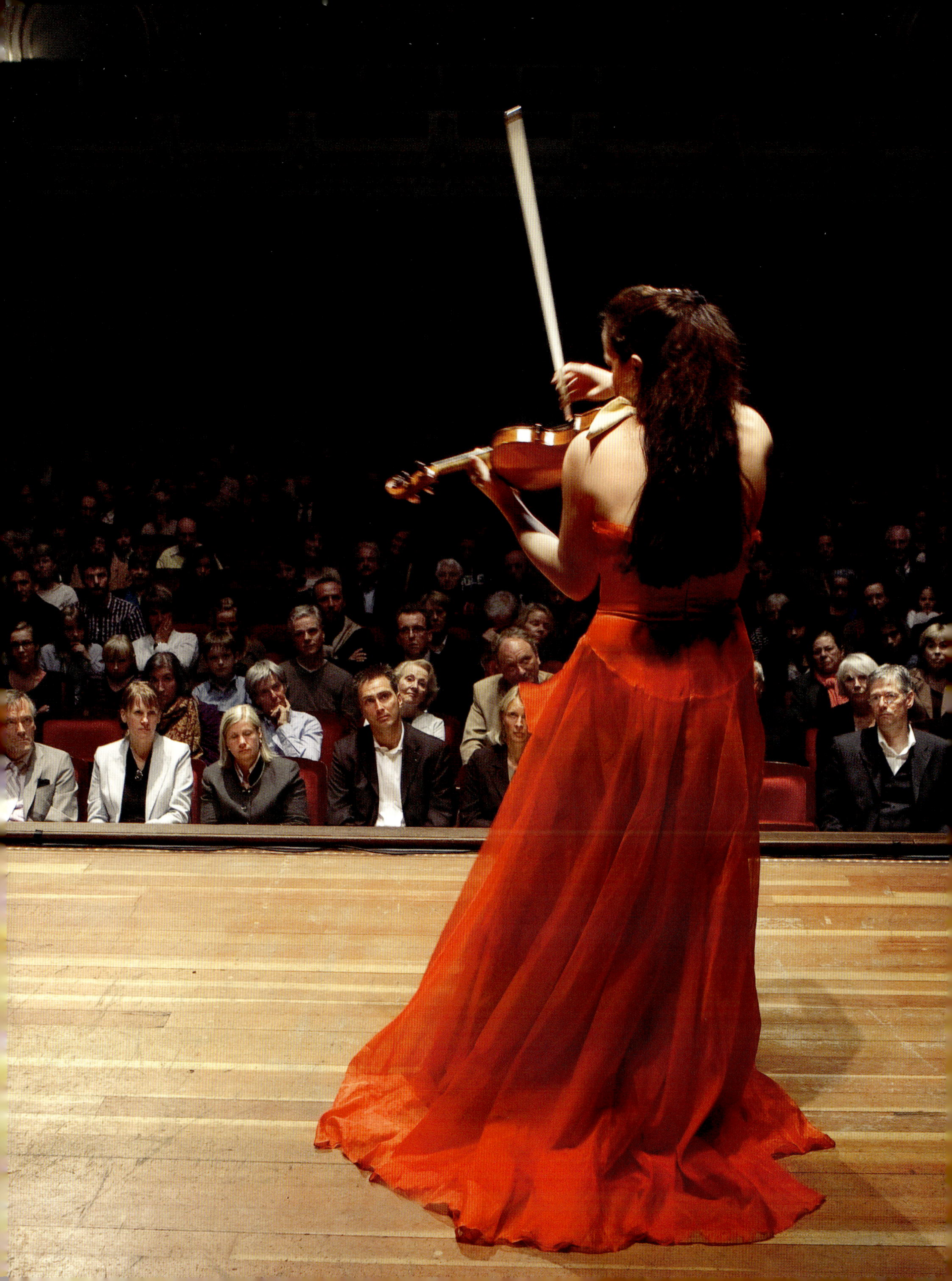

doppelseite 59

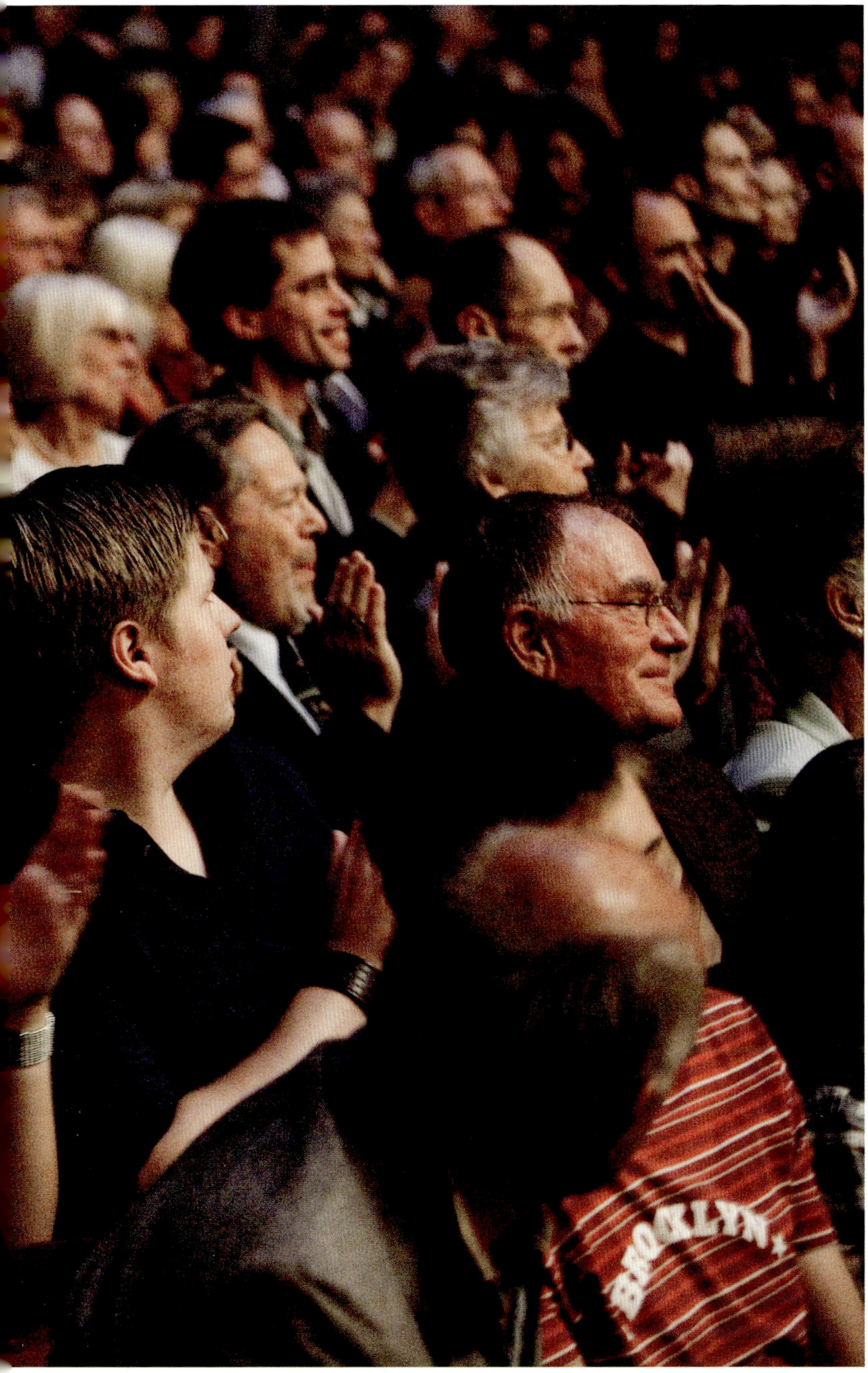
BROOKLYN

doppelseite 60

„Erschöpft, aber total glücklich …"

Christina Brabetz, 17

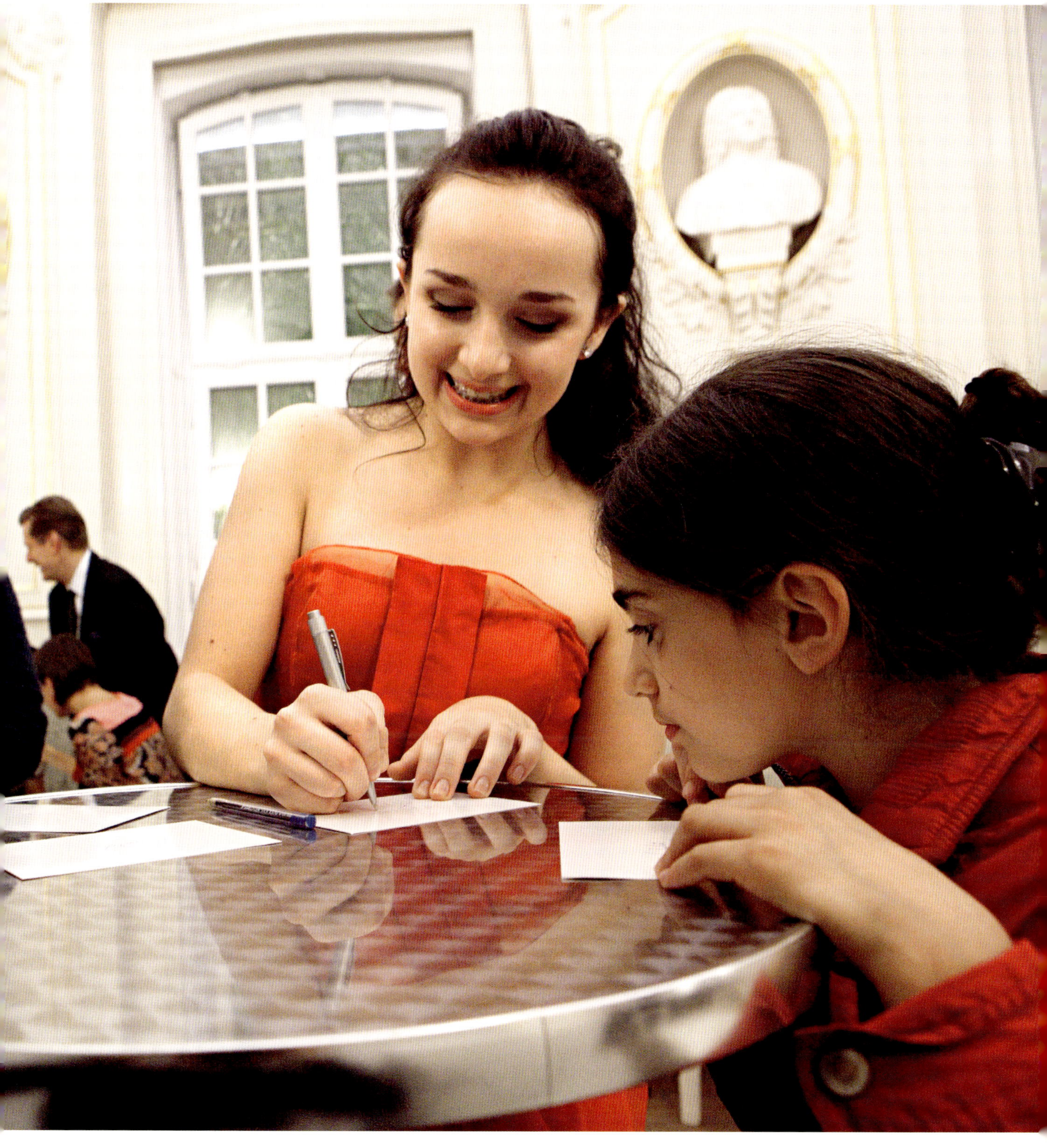

doppelseite 61

WERNER LAUFF
Neue musikalisch-demokratische Bildung –
zwischen kämpfen und spielen

Beiträge

JAKOB ENCKE
Und solch einer ist es geworden

HUGO SCHMALE
Concertare mit TONALi
Warum es gut ist, im Wettstreit zu musizieren

AMADEUS TEMPLETON
Jung für Jung

TONALi10 Grand Prix | Gremien
TONALi Grand Prix | Kurzportrait
TONALi10 Grand Prix | Zahlen
Wir sagen herzlich Danke
Impressum

Neue musikalisch-demokratische Bildung –
zwischen kämpfen und spielen

Dipl.-Ing. Prof. Dr. phil. Werner Lauff

EIN NEUER GRAND PRIX: Wo vorher nichts war, sind jetzt TONALi und diese ansprechende Dokumentation. Das ist doch mal wieder etwas Erfreuliches angesichts der Dauermisere in Regierung und Schule. Konzerte sind verklungen, Wettbewerbe gewonnen, Freunde geblieben. Das Buch zeigt uns, was war. Schöne Bilder, gute Stimmung, kluge Gedanken. Wo kommt das alles auf einmal her? Musik und Freude, Wettkampf und Spiel, jugendliche Begeisterung und ihre Förderung durch viele bekannte Persönlichkeiten des öffentlichen Lebens. Was ist neu daran? Gab es das nicht schon immer? Solange wir zurückdenken können, gibt es „Jugend musiziert". Die Zahl internationaler Solistenpreise wächst beständig. Musikwettbewerbe für Chöre, für Sänger zur Zither und für Flötenspieler gab es bereits in der Antike. Wo Wettkampf ist, ist Lust, hieß es vor Tausenden von Jahren. Nicht nur im Sport, auch in der Musik. Brauchen wir heutzutage noch einen weiteren Grand Prix? Wenn ja, warum gerade diesen hier in Hamburg? Mögen die Antworten auf alle Fragen zwiespältig ausfallen, die Antwort auf die letzte Frage ist ganz klar und eindeutig: Der TONALi Grand Prix ist in Hamburg, weil Amadeus Templeton und Boris Matchin vor vielen Jahren in diese Stadt kamen, jetzt hier leben und sich als Musiker sagen: Wir wollen der Zukunft mehr Gehör verschaffen!

HARTE ARBEIT: Von nix kommt nix, hat meine Mutter immer gesagt. Die einfache Frau wusste genau: alles hat irgendwo seinen Anfang. Das hat sie auch uns Kindern so beigebracht. „Der Zukunft Gehör verschaffen" fällt nicht einfach vom Himmel. Dafür braucht es gute Ideen und viel harte Kleinarbeit. Die beiden jungen Musiker und Musikmanager hatten erkannt: Ohne Jugend hat Klassik keine Zukunft. Die Jugend sondert sich ab von klassischer Musik. Eine junge Schülerin meint: „Man hat so ein Bild von Klassik, und zwar: Klassik gehört zu den alten Leuten und Pop und RnB gehört zu den Jungen." TONALi möchte deshalb der Jugend die Klassikmusik wieder näherbringen, und zwar im Spiel, in der Komposition wie im Konzertsaal. Der Musikmarkt ist hart umkämpft. Ohne das Hinhören von „Tutti" aber bleibt das „Solo" der Geige stumm. Für unmusikalische Ohren macht die schönste Musik keinen Sinn (Karl Marx). Wer der musikalischen Zukunft Gehör verschaffen will, kann also den jugendlichen Zuhörer nicht überhören, sondern muss sein Ohr musikalisch besser bilden, muss der schulischen Enthaltsamkeit in Sachen Musik neues Interesse zur Seite stellen. Wer Solisten als musikalische Vorbilder fördern will, muss die motivierten Zuhörer gleich mitfördern, soll auf dem klassischen Musikmarkt auch künftig Handel und Wandel florieren. Das hat der neue gemeinnützige Musikwettbewerb begriffen. Viele Jugendliche, die Musik im Blut haben, wissen inzwischen, dass für sie in TONALi auch künftig noch viel Musik drin ist.

MUSIK IST WICHTIG: Die beiden jungen Musikunternehmer haben ein neues Tongebäude für die Jugend und damit für die künftige Gesellschaft erbaut: Wie macht man klassische Musik zugänglich für jedermann? Mit Kopf, Herz und Hand waren die Baumeister am Werk. Stein auf Stein haben sie ihre Baupläne selbsttätig und selbstlos zu einem harmonischen Regelwerk zusammengesetzt. Neben der Musik haben sie viel Pädagogisches, Soziales und Sittliches mit eingebaut. „Edel sei die Musik, hilfreich und gut" – ist ein Grundmotiv. Neue Töne zwischen Spielern und Hörern, zwischen Schülern und Förderern, zwischen Geld und Kunst füllen die Räume. Musik ist die große Eingangshalle. Es war ein Gedanke von Leibniz, dass Musik eine Übung der Seele sei, in der diese gar nicht merkt, dass sie in Zahlen, das heißt in ewigen Ordnungen, denkt und fühlt. Für die alten Hellenen war die Musik das Erziehungsmittel Nr. 1. Takt und Harmonie in der Musik machten die Menschen taktvoller und harmonischer für Rede und Handeln im Leben. Pädagogisch ist Musik mehr als Ohrenschmalz, aber auch mehr als intellektuelle Ohrenpflege. Klassische Musik ist nicht historischer Klang der Kulturgeschichte, sie ist zeitlose Klangsprache, die immer wieder belebende Resonanzen in den Menschen auszulösen vermag. TONALi hat gezeigt: auch in der heutigen Jugend kann klassische Musik eine Mitte pädagogischer und sozialer Mitgestaltung sein. Nicht nur die Solisten konnten in den Wettbewerb geholt werden, sondern auch die Musikschüler der Hamburger Schulen in die Laeiszhalle.

WAS HEISST BILDUNG? Da, wo reine Wissensbildung zu fragen aufhört, fängt musische Bildung an. Nicht ganz, denn auch die musischen Fächer brauchen Wissen. Je mehr die Schüler von der Musik wussten, umso erfolgreicher waren sie beim Verkauf von Konzertkarten. Dennoch, dort wo man nicht mehr fragen, sondern nur noch finden und empfinden kann, ob etwas wahr, schön und gut ist, dort erst entfalten die Bildungsqualitäten der Töne, der Farben und der poetischen Worte ihre eigentliche Wirkung. Wer nur den Kopf bildet, bildet nicht auch zugleich die anderen Teile des lebendigen Menschen und ihr Zusammenwirken als ein Ganzes. Der Mensch braucht mehr als Kenntnisse und Werkzeuge zum allgemeinen Gebrauch. Die musikalischen Bildungsbezüge bewirken immer auch geistig-seelische und vielfach sogar spirituelle Bezüge, denkt man allein an das Bach'sche Musikwerk. Eine ganze Bildung – so schreibt der immer noch aktuelle Bildungsphilosoph Humboldt – hilft der Jugend über alles Realwissen hinaus „eine eigene und neue Ansicht der Welt" zu gewinnen und jedem neuen Menschen dadurch „eine eigene und neue Stimmung seiner selbst" zu geben. Diese Bildung aller besonderen Kräfte eines Menschen ist eine der unabdingbaren Bedingungen einer lebendigen und gerechten Demokratie. TONALi hat gezeigt, wie Musikleben und Musikunterricht in einer solchen ganzheitlichen Bildung zusammenwirken und sich wechselseitig beleben können. Da kommt eine neue Brise zu Schülern und Lehrern in den Musikklassen. Der Praxisbezug fordert zu neuem Musiklernen heraus: „Lerne nur, um selbst zu schaffen", rief Schelling in einer Vorlesung von 1803 seinen Studenten zu.

ALT UND JUNG: Für gewöhnlich ein konfliktreiches Spannungsfeld. Die Alten meinen, die Jungen wollen alles neu machen, die Jungen meinen, die Alten wollen alles Neue verhindern. Der TONALi Grand Prix schlägt neue Töne an. Hier wirkt „ehrenamtliches Engagement vieler namhafter Musikerpersönlichkeiten zur innovativen und nachhaltigen Förderung des Spitzennachwuchses und des Klassikhörers der Zukunft". Dieses neuartige Zwischenspiel zwischen Alt und Jung hat geklappt: „Dies war endlich mal ein Wettbewerb, der wirklich realisiert hat, dass all diese jungen Menschen, die dort während des Wertungsspiels auf der Bühne stehen und sich voll und ganz der Musik hingeben, auch noch eine andere Seite, eine Persönlichkeit haben", schreibt der Finalist Jakob Encke in diesem Buch. Die Älteren stehen im Dienste der Jungen, die Jungen im Dank für die Alten. In solchen harmonischen Wechselspielen verwirklicht sich das Wachstums- und Erziehungsprinzip des ewig jungen Lebens, das immer wieder neu aus dem alten hervorgeht. Das Alte macht sich zum Mittel und Zweck des jungen Neuen. Hier übernimmt TONALi ein Stück Elterlichkeit, die man korrekterweise „Aelterlichkeit" schreiben sollte, von der es in der Gesellschaft viel zu wenig gibt.

doppelseite 62

doppelseite 63

KÄMPFEN UND SPIELEN: Ich selbst habe lange Zeit über das Wort „spielen" auch im Unterschied zum Wort „kämpfen" geforscht und geschrieben. Wer kämpft, spielt nicht, und wer spielt, kämpft nicht, hatte ich gesagt. In Musikwettbewerben ist das anders. Hier kämpfen die Bewerber und wollen mit ihrem Spiel gewinnen. Das Spiel ist Mittel zum Kampf. Der Kampf um das Finale und den Grand Prix ist hart, wo bleibt die Leichtigkeit des Spiels? 30 Bewerber ringen um einen einzigen ersten Platz. In der Auswahlreihe 30 : 12 : 6 : 3 : 1 steckt aufopferungsvolles Musikspiel, aber auch harter Kampfeswille – gegen sich selbst wie gegen andere. Stört der Wettbewerb um die beste Musik das Spielen der schönsten Musik? so fragen sich viele Künstler und Pädagogen. Grundsätzlich ist erst einmal festzustellen, dass Kämpfen nicht etwas Schlechteres ist als Spielen, bloß weil manche unter uns das Mittel des Kampfes aufs Unmenschlichste missbraucht haben und immer noch missbrauchen. Kämpfen ist zunächst eine genauso notwendige Form des gesellschaftlichen Austausches wie das Spielen. Das Musikspiel ringt um die schönste Musik, der Wettkampf um die beste Leistung. Musikwettkämpfe sind deshalb so etwas wie motivationsstarke pädagogische Wechselspiele für das Erlernen der Sache Musik sowie zugleich für das Erlernen des Strebens nach höherer Leistung. Musikspiel und Musikgenuss sollen letztlich verschönert werden. Dieses pädagogische Wechselverhältnis bleibt gewahrt, solange das Gewand des Kampfes Friede und das des Spielens Freude bleibt.

POLITISCHE BILDUNG: Der TONALi Grand Prix wirkt nicht nur pädagogisch, sondern auch politisch. Beides ist hier aufs Engste miteinander verbunden. Die pädagogische Entscheidung wirkt über den Einzelnen auf das Ganze, die politische über das Ganze auf den Einzelnen. Förderung von hochtalentiertem Nachwuchs ist eine klassische Pädagogikaufgabe; die Förderung des Austausches zwischen Vorspielern und Zuhörern eine wichtige politische. „Wer Vorbilder fördert, fördert alle", sagen Amadeus Templeton und Boris Matchin, aber sie folgen zugleich dem Motto: „Wer alle fördert, fördert Vorbilder." Nicht sollen alle gleich sein, aber alle können sich in ihrer Verschiedenheit als gleichwertig fühlen, sei man nun der Künstler, der Zuhörer, das Jurymitglied, der Förderer oder die Kreatoren, sei es als Sieger oder als Verlierer in diesem großen Musikspiel. Chancengerechte Demokratie und freiheitliche Bildung sind auch in der Musik aufeinander angewiesen. Das hierarchische und konsumorientierte Oben und Unten in der Musik wird aufgelöst in ein gleichwertiges Nebeneinander. Nicht Dienerschaft zwischen Stars und Fans, sondern gegenseitiges Dienen, ein jeder von seinem Platz aus mit seinen Fähigkeiten, ist die Orientierung. Geben und Nehmen stimmen. Solo und Tutti merken, dass sie im gleichen Boot sitzen. Man lernt sich kennen und schätzen, wenn man auf Augenhöhe miteinander sprechen kann: „Ich dachte auch", – meinte eine Schülerin nach einer Diskussionsveranstaltung mit einer der Wettkampfteilnehmerinnen, – „sie wäre anders als wir. So in ihrer eigenen Welt. Aber als sie dann angefangen hat zu reden, hat man gemerkt, dass sie genauso ist wie wir, dass sie dieselben Interessen teilt, halt nur mit einem Hobby, das sie vertieft und als ihren Zukunftstraum ansieht."

SCHLUSSAKKORD: Vieles klingt ganz schön gut im TONALi-Projekt. Die neuen und noch unverbrauchten Zwischentöne sind unüberhörbar. Die verhallten Klänge wirken nach und schon wieder voraus. Der Entwurf des neuen Grand Prix für Cellisten im Jahr 2012 ist bereits in Vorbereitung. Ein neues Stück „Aelterlichkeit" wächst da in unsere Gesellschaft hinein. Das erscheint

mir als Erziehungswissenschaftler das Allerwichtigste. Erziehung rückt ummantelt von Musik in den Mittelpunkt demokratischer Bildung. Wohlmeinende Aeltere im Wirken der Jungen sind nämlich die immer neue Keimquelle einer jeden kreativen Gesellschaft. Vielleicht kann sich der TONALi Grand Prix auf solche Ursprünglichkeiten des menschlichen Lebens noch mehr einstimmen. Gerade im Zwischenbereich zwischen Gebrauchsmusik aller und Kunstmusik der Künstler ist die Zahl wirksamer Vorbilder noch klein. Für die Jugend, für die Schule, für den funktionalen Musikgenuss, für die musikfernen Elternkreise haben sich die Teilbereiche der U- und E-Musik seit Beginn des 19. Jahrhunderts mit drastischen Folgen für den demokratischen Lebensalltag zu sehr auseinanderentwickelt. Die Menschen von heute brauchen nicht nur neue Vorbilder für den Musikgenuss im Konzertsaal. Für die diätetische Medizin des 18. Jahrhunderts war beispielsweise die stimmungs- und verdauungsfördernde Wirkung der Tafelmusik eine selbstverständliche Erkenntnis. Musik von Bach passte in Kirchen wie auf Tanzböden. Die moderne Hirnforschung weist die lernfördernde und meditative Wirkung der Musik nach. Musiktherapien zeigen nachhaltige Heilungswirkungen. Musik will für alle Lebenslagen gefördert werden. Der klassischen Musik kommt dabei eine große korrigierende Bedeutung bei der Verbesserung des massenhaften Musikgeschmacks zu. In Anlehnung an den Satz von Paracelsus, dass der Mensch ist, was und wie er isst, ließe sich angesichts all dieser mannigfaltigen musikalischen Wirkungserfahrungen auch sagen:
Der Mensch ist, was und wie er hört. In einem solchen Denken ist TONALi auf einem guten Weg. Nur eins ist klar: es braucht gerade in unserer Zeit noch mehr davon. Beispielsweise sollten wir künftig überall, wo wir Schulen sehen, mehr Singen und Musizieren der Kinder hören.

Und solch einer ist es geworden

Jakob Encke

Ein normaler Musikwettbewerb verläuft in der Regel simpel: Man reist an, spielt sein Programm, gewinnt oder nicht und reist wieder ab. Es folgen ein paar Preisträgerkonzerte, doch nach nicht allzu langer Zeit verfliegt der anfängliche Rummel um die Gewinner – die Wogen glätten sich wieder. Fortan findet man den Wettbewerb aufgezeichnet in den Lebensläufen derer, für die er glücklich verlief. Doch was ist mit all den anderen, für die es weniger gut ausging? Sie betrachten ihn rückblickend als eine vergebene Chance und ärgern sich oftmals, überhaupt teilgenommen zu haben. Genau dies wollten Amadeus Templeton und Boris Matchin vermeiden, als sie „TONALi" ins Leben riefen, sie wollten einen exklusiven Wettbewerb, einen, wie es ihn kein zweites Mal gibt. Und solch einer ist es geworden.

Abgesehen von der wirklich perfekten Organisation, wie ich sie selbst zuvor bei keinem anderen Wettbewerb erlebt habe, haben es die beiden Initiatoren geschafft, sowohl unter den Teilnehmern als auch zwischen diesen und ihnen selbst eine einzigartige Atmosphäre zu schaffen.

Wenn ich bisher einen Wettbewerb angetreten habe, war mein Hauptziel, mich voranzubringen, ein Programm vorzubereiten, mir ein Ziel zu setzen – unabhängig davon, wie es für mich ausgehen würde. Beim „TONALi" ging es jedoch um viel mehr: Dies war endlich mal ein Wettbewerb, der wirklich realisiert hat, dass all diese jungen Menschen, die dort während des Wertungsspiels auf der Bühne stehen und sich voll und ganz der Musik hingeben, auch noch eine andere Seite, eine Persönlichkeit haben. Diese spielt nicht nur im alltäglichen Leben, sondern auch auf der Bühne eine große Rolle: Die Verbindung zum Publikum ist ein unglaublich wichtiger Bestandteil für die Laufbahn eines Künstlers; nichts ist schlimmer, als wenn einem Zuhörer ein Musiker schon beim Auftreten unsympathisch erscheint.

Bei einem normalen Wettbewerbsablauf kommt es nun allerdings selten dazu, dass sich die Teilnehmer wirklich näher kennenlernen, da jeder nur darauf bedacht ist, sich auf sein Spiel vorzubereiten, um auch ja zu gewinnen. Dieses macht den „TONALi" so besonders: Am ersten Wettbewerbstag gab es erst einmal ein gemeinsames Mittagessen der Teilnehmer und Initiatoren. Allein dieses Treffen brachte schon eine unglaubliche Welle an Gelassenheit in die Runde, da man – im Gegensatz zu anderen Wettbewerben, wo man selbst die anderen immer nur beim Üben, Proben und Auftreten sieht und dadurch schnell den Eindruck erhält, dass diese gar nichts anderes machen – gemerkt hat, dass all die anderen jungen Künstler auch nur Menschen sind und sehr wohl ein Leben außerhalb des Konzertsaals haben. Zudem bekam man einfach die Chance, zahlreiche Menschen mit genau denselben Interessen, denen man selbst auch nachgeht, kennenzulernen, sich mit ihnen zu unterhalten, mit ihnen zu lachen, herumzualbern – eben wie ganz normale Teenager.

Eine weitere Besonderheit war, dass mittels des sogenannten „TickeContests" an fünf Hamburger Schulen für den „TONALi" geworben wurde und so an viele Schüler Tickets verkauft wurden. Der Zweck dessen war, ein möglichst junges Publikum für das TONALi-Finale zu gewinnen und bei der Publikumspreis-Vergabe dafür zu sorgen, dass die Finalisten von Gleichaltrigen bewertet werden.

Allgemein hat sich der Wettbewerb intensiv mit dem Problem beschäftigt, dass das Publikum in klassischen Konzerten immer älter wird und man dort mittlerweile nur noch sehr wenig junge Leute antrifft. Was kann man gegen dieses Phänomen tun? Meiner Meinung nach hat der Wettbewerb hierfür einen sehr richtigen Schritt getan: Die Organisatoren haben erreicht, dass sich die Schüler mit den Teilnehmern identifizieren können; dass sie sehen, dass diese jungen Musiker genauso Schüler sind wie sie selbst. Außerdem ist zwischen Künstler und Publikum ein guter Kontakt vonnöten: Für den Konzertbesucher ist es nämlich ein ganz anderes Gefühl, wenn er den Künstler in der Pause oder nach dem Konzert im Foyer treffen und sich mit ihm kurz unterhalten kann. Eine solche Begegnung veranschaulicht, dass die Künstler, die auf der Bühne stehen, im sonstigen Leben vollkommen wie alle anderen sind, was zusätzlich eine bessere Identifikation ermöglicht.

doppelseite 64

Concertare mit TONALi
Warum es gut ist, im Wettstreit zu musizieren

Prof. Dr. phil. (em.) Hugo Schmale

Ein Konzert lässt sich beschreiben als eine „einverständliche Vereinigung von miteinander wetteifernden Stimmen und Themen". Denn *concertare* (lateinisch) heißt Wetteifern. Dieses Wetteifern ist von so zentraler Bedeutung für die menschliche Entwicklung, dass zu musizieren auch als eine Metapher für das Zusammenwirken aller Menschen miteinander gelesen werden kann. Und tatsächlich: Wer ein Instrument zu spielen erlernt, fördert dadurch die Entwicklung seiner Persönlichkeit allgemein und seine Lernfähigkeit im Besonderen. Warum ist das so? Warum lohnt es sich, den harten Weg zu gehen, ein Instrument zu erlernen oder seine Stimme zu schulen und mit anderen zu musizieren? Um diese Frage zu beantworten, mag es hilfreich sein, sich die Psychologie der Persönlichkeitsbildung einmal etwas genauer anzuschauen.

Im Mittelpunkt der Persönlichkeit steht die Motivation, dass was einen Menschen bewegt, zu tun, was er tut. Von hier bezieht er auch die psychische Energie, mit der er auf ein Ziel zustrebt. Aber Motivationen sind nicht angeboren, sondern müssen erst entwickelt werden. Auf dem Weg dahin gibt es fünf Stationen, von denen keine ausgelassen werden darf: Es beginnt damit, dass die richtige „*Situation*" gewählt werden muss, um eine ihr entsprechende „*Handlung*" auszuführen; deren „*Ergebnis*" muss als durch die Handlung verursacht erlebt werden; an den daraus entstehenden „*Folgen*" muss deutlich gemacht werden, wie das Handlungsergebnis bewertet wird; und schließlich muss der ganze Vorgang auf ein „*Oberziel*" gerichtet sein. Das kann man am Beispiel Schule verdeutlichen: Die Schule stellt die Situation dar, die Handlung ist die Klassenarbeit, das Ergebnis ist die Note, als deren Folge stellen sich entsprechend bewertende Belohnungen ein, und das Oberziel ist der intendierte Schulabschluss. Wenn jemand solche und ähnliche *Handlungspfade* immer und immer wieder durchläuft, entwickelt er entsprechend zielorientierte motivationale Kräfte.

Grundvoraussetzung ist natürlich die Arbeit des Einzelnen und seine Einsicht in die Tatsache, dass die Qualität seines Handelns und des Handlungsergebnisses im Wesentlichen von ihm selbst abhängt: Der falsche Ton ist vom Spieler selbst produziert und abhängig davon, ob er sein Instrument beherrscht. Natürlich kann möglicherweise auch das Instrument fehlerhaft sein. Aber auch das muss er, der Musiker, erkennen und sein Möglichstes tun, um Abhilfe zu schaffen. Letztlich geht es um ein Ganzes von Mensch und Instrument, so als sei das Instrument ein Teil von ihm. Das verlangt harte und beharrliche Arbeit an sich und mit dem Instrument, damit die falschen Töne immer weniger werden, bis schließlich alles „stimmt". Wichtig ist die Einsicht, dass das Handlungsergebnis im Wesentlichen von ihm selbst, dem musizierenden System von Mensch und Instrument abhängt.

Eu-Stress und Dis-Stress, der gute und der schlechte Stress. Dazu gehört Fleiß. Keine Leistung ohne *Anstrengung*. Aber es ist wichtig, zwischen Anstrengung und Angestrengtsein zu unterscheiden. Anstrengung ist Mobilisierung und Bereitstellung von Kräften, Konzentration auf das Wesentliche und auf ein gewünschtes Ziel, Erzeugung von Spannkraft im Wechsel von Anspannung und Entspannung, das kann durchaus als angenehm erlebt werden, als *Eu-Stress*. – *Angestrengtsein* hingegen ist der Zustand, der eintritt, wenn die notwendige Entspannung fehlt, meistens als Folge einer Überforderung, mit der Folge von Verspannung, Verkrampfung und Verlust an Lockerheit. In der Fachsprache: *Dis-Stress*.

Dieser Wechsel von Spannung und Entspannung ist ein wesentliches Element der Musik. Jedes Musikstück wird von ihm getragen. Und den richtigen Umgang mit Spannung und Entspannung kann man beim Musizieren erleben – und auch erlernen, wie man's macht. Das ist so, weil Rationalität und Emotionalität sich hier ideal miteinander verbinden. Und weil das so ist, ist die musische Erziehung, der Umgang mit Musik so wertvoll für die Entwicklung der menschlichen Persönlichkeit überhaupt.

TONALi baut dem musikalischen Nachwuchs den Handlungspfad zum Erfolg.

So weit, so gut. Aber der Einzelne kann diesen aufgezeigten Handlungspfad unmöglich allein durchschreiten. Beim Schaffen von Motivationen spielt die Gesellschaft, die mitmenschliche Umwelt, eine ganz wesentliche Rolle. Ja, die Person steht im Mittelpunkt der Leistung. Aber die äußeren Bedingungen haben einen ganz erheblichen Anteil am schließlichen Erfolg: Die individuellen Handlungsergebnisse müssen klar und einsichtig bewertet werden. Dafür müssen Kriterien entwickelt werden. Das Ziel muss gesteckt und in greifbare Nähe gerückt werden. Schließlich muss eine Situation gestaltet werden, in der alle diese Schritte zusammengeführt werden. TONALi hat sich daher zur Aufgabe gemacht, junge Musiker auf diesem Handlungspfad zu begleiten, ihnen den Weg zu ebnen und Bedingungen zu schaffen, die ihnen helfen, das angestrebte Ziel zu erreichen. Vor allem (1.) die Bewertung der musikalischen Handlungsergebnisse und (2.) die Schaffung einer günstigen Situation, in der alles zusammengebracht wird.

Zu 1: Um motiviert zu sein, muss mein Handeln bewertet werden
Das kann auf drei Wegen geschehen. Erstens im Vergleich mit mir selbst: Ich kann versuchen, durch Üben besser zu werden, als Musiker an meinem „Ton" arbeiten, meine Begabung entwickeln: Arbeit an mir selbst. Zweitens im Vergleich, mich an den Leistungen anderer messend: Arbeit im Miteinander. Und drittens in der Auseinandersetzung mit der Sache, an der ich arbeite: das heißt für einen Musiker, die Noten „richtig" zu spielen und sich den „Sinn" einer Komposition zu erschließen. TONALi entwickelt die entsprechenden Kriterien und sorgt im Wettbewerb für ihre Anwendung in der vergleichenden Bewertung.

Zu 2: Die richtige Situation fördert den Handlungserfolg.
Es gibt Situationen, die ein bestimmtes Handeln begünstigen. Sie besitzen jeweils einen spezifischen „Aufforderungscharakter": Ein Sportplatz fordert auf, Sport zu treiben, eine Kirche regt zur Andacht an und ein Konzertsaal schafft die Möglichkeit, Musiker und Zuhörer zu einem künstlerischen Erlebnis zusammenzuführen.

Wenn TONALi einen Wettbewerb einrichtet, wie hier den für junge Violinisten, werden alle diese notwendigen Bausteine zu einem Ganzen geführt: Die Verknüpfung von Handlungsergebnissen und den ihnen entsprechenden Folgen wird unterstützt. Die Kriterien für eine vergleichende Bewertung werden entwickelt und in einem Wettbewerb sachorientiert angewendet. Die möglichen Ziele werden für die jungen Künstler sichtbar und greifbar gemacht. Und TONALi schafft eine adäquate Situation, den Rahmen, in dem der motivierende Handlungspfad seinem Ziel zugeführt werden kann, eine für alle und alles günstige Situation, nicht nur für die Orchestermusiker und die wetteifernden Solisten. Gekürt wird zudem ein Komponist für ein Violinwerk, das die Teilnehmer interpretieren. Ebenso Motiv spendend und anregend ist die großartige Idee, Schüler durch den Verkauf von Tickets an den Vorbereitungen der Abschlusskonzerte teilnehmen zu lassen, im Wettstreit zwischen verschiedenen Schulen, und die Zuhörer aufzufordern, über die Sieger des musikalischen Wettbewerbs mit zu entscheiden.

In einer solchen Unterstützung einer motivierenden musikalischen Wegstrecke steckt eine Kulturleistung, deren Wert nicht hoch genug eingeschätzt werden kann. Denn solche Handlungspfade muss jeder durchlaufen, der seine Fähigkeiten und Möglichkeiten entwickeln möchte und die dazu notwendigen Motivkräfte erarbeiten will, um seine Ziele zu erreichen. Auch den richtigen Umgang mit Spannung und Entspannung kann man beim Musizieren erleben – und erlernen, wie man es macht, im Wettstreit der Stimmen, beim Instrumentalspiel wie beim Gesang. Diese Förderung der Entwicklung menschlicher Fähigkeiten und die Realisierung der geistigen, körperlichen und seelischen Möglichkeiten im musizierend-wettstreitenden Miteinander, das sei abschließend noch einmal betont, ist möglich, weil hier die rationalen und emotionalen Elemente des Wachsens zusammenwirken. Und wenn TONALi hier Vorbilder fördert, werden in diesem Sinne alle gefördert.

doppelseite 65

Amadeus Templeton

Jung für Jung

Heute ist Donnerstag. Es ist der dritte oder vierte Tag im neuen Schuljahr. Es ist 10 Uhr und die niedrig gebaute Aula einer großen Gesamtschule am östlichen Stadtrand von Hamburg füllt sich mit zahlreichen quirligen Schülern der Klassen 7 bis 12. Es kleben handgeschriebene Plakate an gläsernen Türen und schmucklosen Wänden. „Der Himmel hängt voller Geigen. Heute kommt eine zu uns – Anite" steht da auf einem Großpapier – und: „Alle sollen kommen! Alle! Heute um 10".

Der deutliche Aufruf zeigt Wirkung: die einen kommen, weil sie eine entspannte Stunde wittern, die anderen, weil man ihnen schon etwas von TONALi erzählt hat. Wieder andere sind neugierig und wollen ein „echtes" Wunderkind hören. Und wieder andere wissen eigentlich gar nicht, warum sie kommen; sie folgen einem Schülerstrom über den Schulhof.
Mit dem ersten Wort der resoluten Rektorin wird es dann aber auch schon ruhig unter den knapp 400 versammelten Schülern – erstaunlich ruhig.
Junge und ihr Äußeres stets im Bewusstsein habende Frauen ermahnen die hinter ihnen sitzenden Kleinen mit: „Bschhhht" und: „Seid doch mal ruhig! Das nervt total! Mann!!!"
Und da kommt sie auch schon: die, von der mittlerweile alle wissen, dass sie 15 ist und bis zu fünf Stunden am Tag Geige spielt – „total freiwillig", wie Anite später auf eine spitzfindige Frage verschmitzt antworten wird.
„Fünf Stunden – voll krass – oder?" Der prompte Kommentar eines Jungen mit neongrünem Hahnenkamm bleibt bei seinem Sitznachbarn, dem die Ansage galt und der gerade kräftig in die Hände klatscht, komplett unbemerkt. Anite schaut scheu in die Runde und beginnt zu spielen – schön zu spielen, anrührend und hingegeben an ihre Musik, an ihre Stücke, die sie hier zum Besten geben möchte. Sie spielt wunderschön, trotz Aufregung und trotz eines so ungewöhnlichen und mit ihr gleichaltrigen Publikums. Ihre Stücke hat sie der Reihe nach angesagt und mitgeteilt, dass sie genau diese Werke für Solovioline in einer Woche beim TONALi Grand Prix vorspielen wird – in der ersten Runde!
Und tatsächlich tanzt jetzt ihr Bogen in jazzähnlichen Rhythmen über die zwei mittleren Saiten. Zum fetzigen „Beat", den sie hier lustvoll und gekonnt zelebriert, kommt ein Ton hinzu. Ein Ton, zu dem sie hinspringt, hinspringt in eine höhere Lage. Und wieder einer und noch einer und dann hört man mit einem Mal eine eigene Stimme heraus, bestehend aus diesen irrwitzigen Sprungtönen – ganz oben auf der Geige, da am Steg oder wie das kleine Holzding auch heißt ...
Mal kratzt es, mal klingt es schräg, wild und dann – Anite spielt jetzt ein paar Töne so mucksmäuschenleise, dass nichts, fast gar nichts außer der dichten Reibung des Bogens auf den dünnen Saiten ihrer Geige zu hören ist – hier in der vollbesetzten Aula, hier an diesem Vormittag zu Beginn des neuen Schuljahres. Was für ein Auftakt!

IM AUGENBLICK DES KLANGES
Anite ist da. Sie ist mit ihrer Familie gekommen, um zuzuhören. Leider hat sie es nicht ins Finale geschafft – aber das macht ihr nicht so viel aus, da sie genau weiß, was sie kann und wo sie steht – mit ihrer Geige und mit alledem, was sie sonst noch so macht, wie Klavier spielen, Akkordeon spielen und so weiter. Sie sitzt jetzt im Großen Saal der schmucken Hamburger Laeiszhalle, diesem Prachtbau, der schon 100 Jahre lang die größten Musiker der Welt auf die Bühne holt.
Gerade hat sie einen der über 2000 bordeauxroten Sitze eingenommen, da wird sie auch schon von hinten angesprochen: „Hey, du warst echt klasse! Wegen dir sind wir heute hier. Wir sind die Bergedorfer, die von der Schule – du weißt schon.

Schade, dass du's nicht ins Finale geschafft hast. Bist du traurig?" Anite lächelt etwas verlegen und sagt: „Nein, die drei – Christina, Jakob und Philipp, die heute Abend auftreten, die wir gleich hören werden, sind einfach supergut. Wartet mal ab, ihr werdet euren Augen und Ohren kaum trauen. Klar hab ich gekämpft, mich fast ein Jahr lang auf diesen Moment vorbereitet, aber ich hab ja noch Zeit und bin wahnsinnig dankbar, dass ich überhaupt dabei sein durfte."

Ihre Hände halten das schwarz-pinke Programmheft auf den Knien. Sie schaut sich im Saal um, schaut in den Rang, zwinkert einer ihr bekannten Person zu und denkt plötzlich ein wenig aufgeregt daran, wie es ihr wohl ergehen würde, wenn sie jetzt gleich mit dem Orchester spielen müsste, wenn sie jetzt und in diesem Augenblick durch die Künstlertür kommen, wie sie da stehen würde, vor diesem Saal, vor diesem riesengroßen Saal, mit all den Menschen, die jetzt hier sind. Wie sie ansetzen würde, ihren Vieuxtemps zu spielen, ihr Konzert, das sie vorbereitet hatte. Da fällt das Heft auf den Boden. Sie hebt es auf, legt es hinter ihren Rücken, um es sodann gleich wieder mit der anderen Hand hervorzuholen. Sie ist nervös. Irgendwie versucht sie sich zu beruhigen. Der klare Gedanke an die Realität bringt sie auf ihren Platz zurück. Der Moderator bittet, das Handy zu überprüfen, es auszuschalten. „Das Handy kommt nachher zum Einsatz", sagt er. Dieses Konzert braucht das Handy! Ein Stilbruch? Nein. Eine Möglichkeit der Einflussnahme auf das Geschehen. „Wie das Publikum wohl entscheiden wird?", fragt Anite im Flüsterton ihre Mama, die neben ihr sitzt. Ein Achselzucken drückt die Gespanntheit aus, die dieser Abend mit sich bringt.

Und wie ruhig es geworden ist. Die Musik, das Konzert von Saint-Saëns und die ganze Stimmung. Alles hier ist eindrucksvoll – und wie Jakob sich schlägt. Gleich sein Anfang ist grandios. Sein satter, energischer und aufwühlender Ton ist umwerfend. „Und er ist auch nur ein Jahr älter als ich", spricht Anite fast unhörbar zu sich selbst. Nach nur einer knappen Verschnaufpause kommt der Auftritt von Christina. „Mama, was für ein rotes Kleid sie anhat! Und ihr Gesicht. Siehst du ihren Blick? Ich möchte wetten, dass sie gleich alles geben wird." Nach den ersten Takten des Orchesters spielt sie das so hinreißend schöne Eingangsthema von Wieniawski. Warum sie wohl dieses Stück gewählt hat? Es gehört zu den schwierigsten Werken der Geigenliteratur. Und wie sie in der Musik ist, wie beseelt, wie traurig, wie ergreifend. Und ihre Technik. Sie ist einfach gut. Einem tosenden Applaus folgt eine kleine Pause.

Philipp spielt jetzt. Philipp spielt Mendelssohn. „Ich mag das Stück so gerne", hört Anite jemanden sagen. Und: „Er schlägt sich tapfer. Wie gut die alle sind!" Seine Haare fliegen, sein Bogen tanzt, seine flinken Finger sausen bravourös durch die kniffligen Passagen. Seine Musikalität zwingt das Publikum zum Innehalten. Alle Ohren sind geöffnet. Alle lauschen dem Geschehen und jeder fragt sich, wie er wohl gleich abstimmen soll.
Der Abend nimmt seinen Lauf.
Die ersten Preise werden vergeben.
Die Entscheidung rückt näher.

DIREKTE INTERAKTION
„Das gesamte Eintrittsgeld fließt in die Publikumspreise. Jeder, der ein Sechs-Euro-Ticket erworben hat, wird nun zum Juror", so der gutgelaunte Moderator.
„Wählt für Jakob „A", für Christina „B" und für Philipp „C" und sendet den Buchstaben eures Favoriten per SMS an die Nummer 72990."
Anite kramt nach ihrem Handy. Auch ihre Mutter hat eines gezückt und auch die Menschen vor, hinter und neben ihr. So mancher freut sich, dass dieses Ding, das Handy jetzt zum Einsatz kommt – im

doppelseite 66

Konzertsaal. Das gab es doch noch nie – oder? Und dass kein, wirklich überhaupt kein einziges Handy im ersten Teil geklingelt hat, hätte niemand vorab für möglich gehalten. Den ersten Publikumspreis bekommt Jakob. Den ersten Hauptpreis aber, den mit zehntausend Euro hochdotierten TONALi Grand Prix, erhält Christina.

„Wie kann es sein, dass Jury und Publikum nicht einer Meinung sind?", hört Anite eine Stimme sagen. Vielleicht ist es so gewollt und vielleicht auch gerecht und vielleicht macht auch genau das den Reiz aus, der zu TONALi gehört. Christina hat den Preis verdient, genau wie auch Philipp und Jakob den Preis verdient hätten. Wer sich durch drei so schwere Tage gekämpft hat, der hat den Preis verdient! Gut nur, dass sich die ganzen anderen Preise einigermaßen auf die drei verteilt haben.

„Und besonders grüßen wir Anite, die hier im Publikum sitzt. Wegen ihr sind wir da. Sie hat in unserer Schule ein so tolles Konzert gegeben", tönt es mit einem Mal aus dem Mikro, das eine vom Moderator auf die Bühne gebetene Schülerin in der Hand hält. Die Schülerin, sie steht da auf der Bühne mit vier Klassenkameraden. Ihre Schule hat den TicketContest gewonnen.
Den Schülern dieser Schule war es gelungen, die meisten Tickets in ihrer Schule für den heutigen Abend zu verkaufen. Tickets zu je nur sechs Euro und egal für welchen Platz.

Es folgen weitere Preise. Es folgen Blumensträuße und Urkunden. Es werden Hände geschüttelt und Gratulationen ausgesprochen. Es ist festlich.

Der Saal verdunkelt sich. Nur ein Spot wirft ein helles Scheinwerferlicht auf die vordere Bühnenkante. Christina tritt mit ihrer Geige im rot glänzenden Kleid aus dem Pulk der Teilnehmer, Juroren, Initiatoren und Gratulanten hervor und spielt auf ihrer alten Geige „Der Dichter spricht". Das Solo-stück, das von allen Wettbewerbsteilnehmern einstudiert wurde, ist die Gewinnerkomposition des TONALi10 Kompositionspreises. Robert Krampe hat sie geschrieben. Er ist 30 Jahre alt. Robert hat sich auf Robert bezogen – auf Robert Schumann, auf seine „Kinderszenen". Die letzte dieser Szenen, auf die sich die neue Komposition bezieht, heißt „Der Dichter spricht", die Christina jetzt spielt. Sie spielt dieses lyrische, dieses anmutige und zugleich zerbrechliche Stück, das dem Empfinden ihrer Generation so entspricht, als gäbe es nur die Musik, diese hohe Kunst, die immer getragen sein wird von Menschen, die der Zukunft Gehör verschaffen wollen.

doppelseite 67

**Schirmherrin
des TONALi Grand Prix**
KARIN VON WELCK
*Kultursenatorin a.D. der Freien
und Hansestadt Hamburg*

**Schirmherrin des
TONALi Kompositionspreises**
SOFIA GUBAIDULINA
Komponistin

Ehrenpräsident
CHRISTOPH ESCHENBACH
*GMD des National Symphony
Orchestra und GMD des John F.
Kennedy Center for the Performing
Arts in Washington, D.C.*

**Künstlerische und
organisatorische Leitung**
AMADEUS TEMPLETON
BORIS MATCHIN

Jury
FLORIAN DONDERER *Deutschland*
BAIBA SKRIDE *Lettland*
FLORIN PAUL *Rumänien*
JOANNA KAMENARSKA *Bulgarien*
HELGE ANTONI *Schweden*
ERDMUTHE PIRLICH *Deutschland*
FLORIAN LEONHARD *Deutschland*

Künstlerischer Beirat
DAVID AFKHAM *Dirigent*
ANTON BARACHOVSKY *Geiger*
LISA BATIASHVILI *Geigerin*
ANDREY BOREYKO *Dirigent*
DAVID GERINGAS *Cellist, Dirigent*
VADIM GLUZMAN *Geiger*
DANIEL HOPE *Geiger*
PAAVO JÄRVI *Dirigent*
MISCHA MAISKY *Cellist*
ALEXANDER SHELLEY *Dirigent*
RAGNA SCHIRMER *Pianistin*
BAIBA SKRIDE *Geigerin*
VADIM REPIN *Geiger*

Ehrenkomitee
PROF. DR. INGRID ALLWARDT
*Geschäftsführerin
von netzwerk junge ohren*

ROLF BECK
*Intendant des Schleswig-Holstein
Musik Festivals und der NDR Klang-
körper: NDR Sinfonieorchester, NDR
Chor und NDR Bigband*

DR. CHRISTOPH BECHER
*Persönlicher Referent des General-
intendanten der Elbphilharmonie,
zuständig u.a. auch für den Bereich
Musikvermittlung*

PER EKEDAHL
*Präsident Jeunesses Musicales
International*

PROF. DR. HERMANN HESSLING
HTW Berlin, DESY Hamburg

MICHAEL HOCKS
*Intendant und Geschäftsführer der
Alten Oper Frankfurt*

PROF. DR. ANDREAS KÖSTER
Geschäftsführer der Tropag GmbH

STEFAN KRÖHNERT
*Rechtsanwalt
(Kulturkirche Altona GmbH)*

DR. CHRISTIAN KUHNT
*Geschäftsführer der Konzert-
direktion Dr. Rudolf Goette GmbH*

PROF. ELMAR LAMPSON
*Präsident der Hochschule für Musik
und Theater Hamburg*

ELVIRA LIND
Spiegel TV

GERALD MERTENS
*Geschäftsführer der
Deutschen Orchestervereinigung
und das Orchester*

PROF. DR. PETER RUZICKA
Intendant, Komponist und Dirigent

PROF. DR. HUGO SCHMALE
Universität Hamburg

DR. AXEL SIKORSKI
*Geschäftsführer der
Sikorski Musikverlage*

PETER VIETZEN
*Vorstandsvorsitzender
der Elise-Meyer-Stiftung*

MICHAEL WALTER
*Vorstand der Oscar und Vera Ritter-
Stiftung*

PROF. DR. WERNER LAUFF
Universität Hamburg

TONALi10 Grand Prix | Gremien

TONALi Grand Prix | Kurzportrait

ZUKUNFTSMUSIK

Der TONALi Grand Prix ist ein Förderwettbewerb für klassische Musik unter der Schirmherrschaft der Kultursenatorin a.D. der Freien und Hansestadt Hamburg Karin von Welck und unter der Ehrenpräsidentschaft des Dirigenten Christoph Eschenbach.

Der Wettbewerb unter dem Motto „Der Zukunft Gehör verschaffen" richtet sich inhaltlich an junge Instrumentalisten, junge Komponisten und ein junges Konzertpublikum klassischer Musik.

SOLISTEN GESUCHT

Der alle zwei Jahre stattfindende TONALi Grand Prix wird für junge Instrumentalisten bis zu 21 Jahren und mit einem Wohnsitz in Deutschland ausgeschrieben. Eine Vorauswahl-Jury wählt aus den Bewerbungen 12 Teilnehmer aus, die den anspruchsvollen Anforderungen der Ausschreibung entsprechen.

Der mit 10.000 Euro dotierte Hauptpreis, der als TONALi Grand Prix nur von einem Teilnehmer gewonnen werden kann, richtet sich an Musikerpersönlichkeiten, die eine solistische Karriere anstreben und sich durch ihre musikalischen sowie künstlerischen Fähigkeiten auszeichnen. Eine Vorrunde und ein Semifinale ermitteln die drei Finalisten, die im Großen Saal der Hamburger Laeiszhalle jeweils ein Konzert mit Orchester vortragen. Im Finale kürt eine namhafte internationale Jury den Gewinner des TONALi Grand Prix, der zusätzlich zum Hauptpreis einen Publikumspreis sowie weitere Sonderpreise und Anschlussförderungen (Konzerte, CD-Produktionen, Künstlermanagement, Praxisseminare etc.) erhält.

JUNG KOMPONIERT FÜR JUNG

Der TONALi Kompositionspreis wird unter der Schirmherrschaft der Komponistin Sofia Gubaidulina ausgeschrieben. Er richtet sich an junge Komponisten bis zu 30 Jahren mit einem Wohnsitz in Deutschland und sucht eine Komposition, die sich in frei verstandener Weise auf ein vorgeschriebenes Thema bezieht und allen aktiven Teilnehmern des TONALi Grand Prix als Pflichtstück dient. Der mit 2.000 Euro dotierte Preis beinhaltet die Herausgabe der Komposition durch den Sikorski Verlag.

KLASSIK MACHT SCHULE

Der TONALi TicketContest wird für Hamburger Schülerinnen und Schüler ausgeschrieben. Der TicketContest zeichnet die Schule mit einem Kulturpreis aus, welche die meisten Tickets für das Wettbewerbsfinale in der Laeiszhalle verkauft hat. Ziel des Schulwettbewerbes ist es, Schüler auf spielerische Art und Weise in den TONALi Grand Prix zu integrieren, sie auf möglichst direktem und persönlichem Weg für klassische Musik zu interessieren und attraktive Identifikations- und Interaktionsansätze zu vermitteln. Hierfür wird jeder Schule ein Teilnehmer zugeordnet, der während der Wettbewerbstage in einer Gastfamilie wohnt und ein Konzert für die Schule spielt. Zudem bereitet der Musikunterricht den TONALi Grand Prix mit allen Inhalten vor und stimmt die Schüler auf die Veranstaltung ein.

PUBLIKUM WIRD JURY

Die mit 7.800 Euro dotierten Publikumspreise (1. Preis 4.000 Euro, 2. Preis 2.800 Euro, 3. Preis 1.000 Euro), die sich in vollem Umfang aus den Eintrittsgeldern (pauschal 6 Euro) finanzieren und live per SMS-Voting aus dem Konzertsaal heraus an die drei Finalisten vergeben werden, versetzen das Publikum in eine Juryfunktion und stärkt somit das Interaktionsmoment.

ZIELE MIT STRAHLKRAFT

Der TONALi Grand Prix wird in einer Dokumentarfilm-Trilogie und durch ein namhaftes Produktionsteam begleitet. Mit einer Kino-, TV- und DVD-Auswertung bekommt der Film eine breite Öffentlichkeit.

Zahl der Bewerbungen für den TONALi10 Grand Prix	29
Zahl der zum TONALi10 Grand Prix eingeladenen Teilnehmer	12
Zahl der Bewerbungen für den TONALi10 Kompositionspreis	6
Summe der gesamten Preisgelder (in Euro)	20.300
Gesamtzahl der Besucher des TONALi10 Grand Prix	2.583
Zahl der Besucher im Finale am 29.08.2010	1.423
Zahl der an Hamburger Schüler verkauften Tickets	371
Anzahl der Schulen, die am TicketContest teilgenommen haben	5
Zahl der Unterrichtsbesuche durch die Wettbewerbsinitiatoren	19

TONALi10 Grand Prix | Zahlen

Feste Mitarbeiter der TONALi gemeinnützigen GmbH	2
Freie Mitarbeiter der TONALi gemeinnützigen GmbH	9
Zahl ehrenamtlicher Mitarbeiter des TONALi10 Grand Prix	72
Zahl der Gastfamilien	9
Zahl der Förderer	3
Zahl der Partner	18
Zahl der Sponsoren	9
Besucher der Homepage www.tonali.de (September 2009 bis Dezember 2010)	15.398
Höchste Zahl von Webseitenbesuchern an einem Tag	443
Zahl der eingegangenen SMS im Finale (1. Preis 146, 2. Preis 137, 3. Preis 112)	406
Zahl der Mail-Korrespondenzen	6.484
Zahl der Facebook-Freunde (Stand: 01.01.2011)	306
Zahl der Tweets auf Twitter (Stand: 01.01.2011)	352
Anzahl an Blumensträußen, die im Finale vergeben wurden	23
Musiker des Ensemble Resonanz, die im Finale gespielt haben	46
Zahl der Vorbereitungsmonate im Vorfeld des TONALi10 Grand Prix	18
Zahl der Treffen mit Partnern, Förderern und Sponsoren	77
Deckenhöhe der TONALi-gGmbH-Geschäftsstelle (in Metern)	4,85
Spots im HVV-Fahrgast-TV, die innerhalb von zwei Monaten gesendet wurden (Tag)	180
Zahl an Ausschreibungen, die in Deutschland versendet wurden	15.000
Kilometer, die mit der Piaggio Ape für TONALi gefahren wurden	367
Zahl der Autotouren (Porsche), die für Teilnehmer und Juroren gefahren wurden	63
Fotos, die vom TONALi10 Grand Prix gemacht wurden	7.178
Zahl der Terabytes, die für den TONALi10-Dokumentarfilm gespeichert wurden	2,2

Impressum

FOTOS UND KONZEPT
Georg Tedeschi

GESTALTUNG UND KONZEPT
Joachim J. Kühmstedt

TEXTE
Prof. Dr. Werner Lauff
Jakob Encke
Prof. Dr. Hugo Schmale
Amadeus Templeton

HERAUSGEBER
Dr. Axel Sikorski
Amadeus Templeton
Boris Matchin

REDAKTION UND LEKTORAT
Amadeus Templeton
Xenia Kempter
Gabriel Teschner

© TONALi gemeinnützige GmbH
Dillstraße 19
20146 Hamburg
www.tonali.de

Internationale Musikverlage
Hans Sikorski GmbH & Co. KG
Johnsallee 23
20148 Hamburg
www.sikorski.de

DRUCK
Druckhaus Köthen GmbH
Printed in Germany

Wir sagen herzlich Danke

Der TONALi10 Grand Prix
wurde maßgeblich von der
Hans-Kauffmann-Stiftung und
der Oscar und Vera Ritter-Stiftung gefördert.
Alle weiteren Sponsoren, Partner und Unterstützer
stehen auf der Internetseite www.tonali.de

Das vorliegende Buch Solo & Tutti wurde von
Frau Brigitte Feldtmann (Feldtmann Kulturell gGmbH)
sowie dem TÜV-NORD Schulungszentrum gefördert.

„Wir profitieren von dem, was andere geschaffen haben, und somit sollen auch andere davon profitieren, was wir erschaffen."

Amadeus Templeton

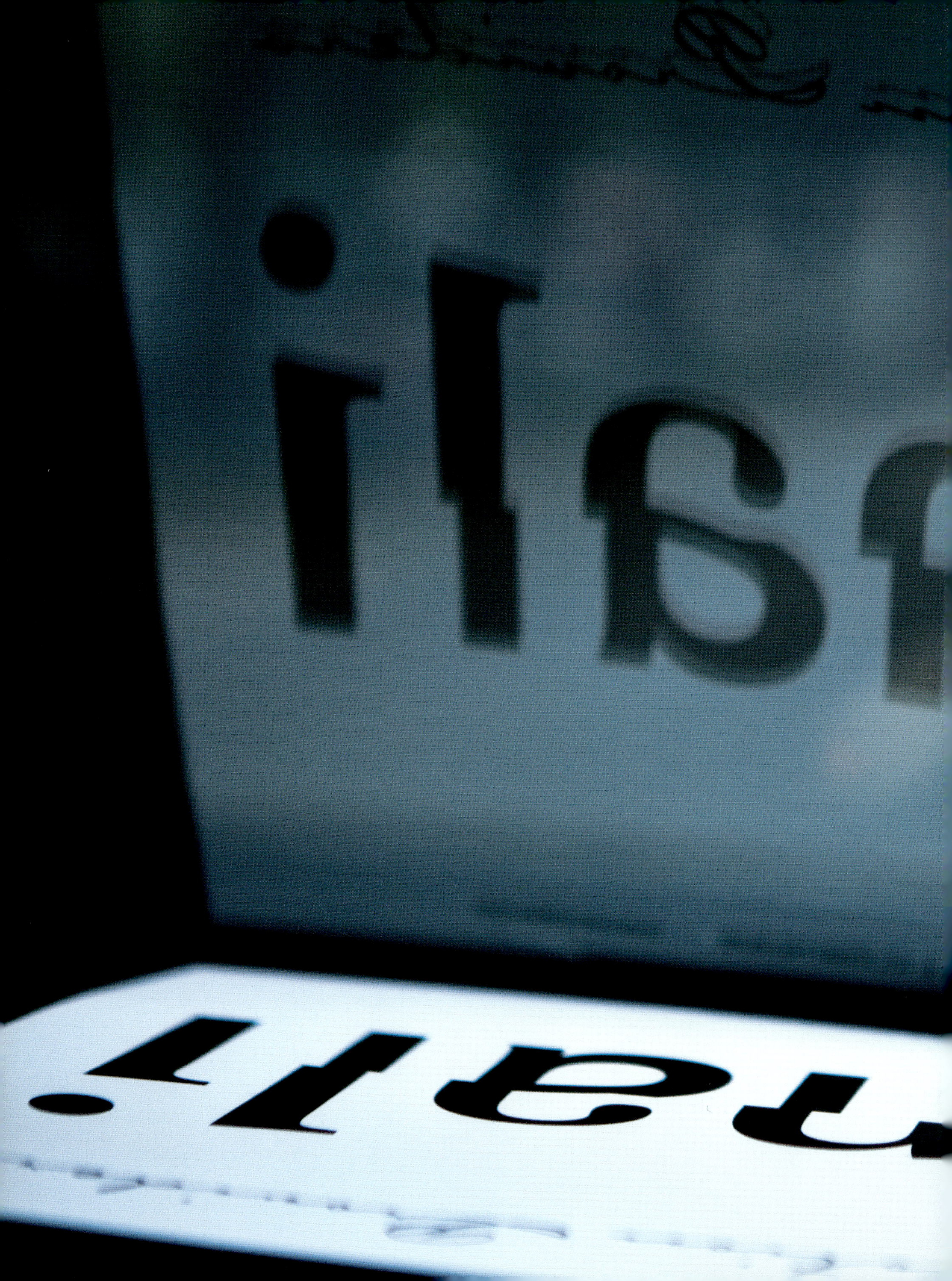

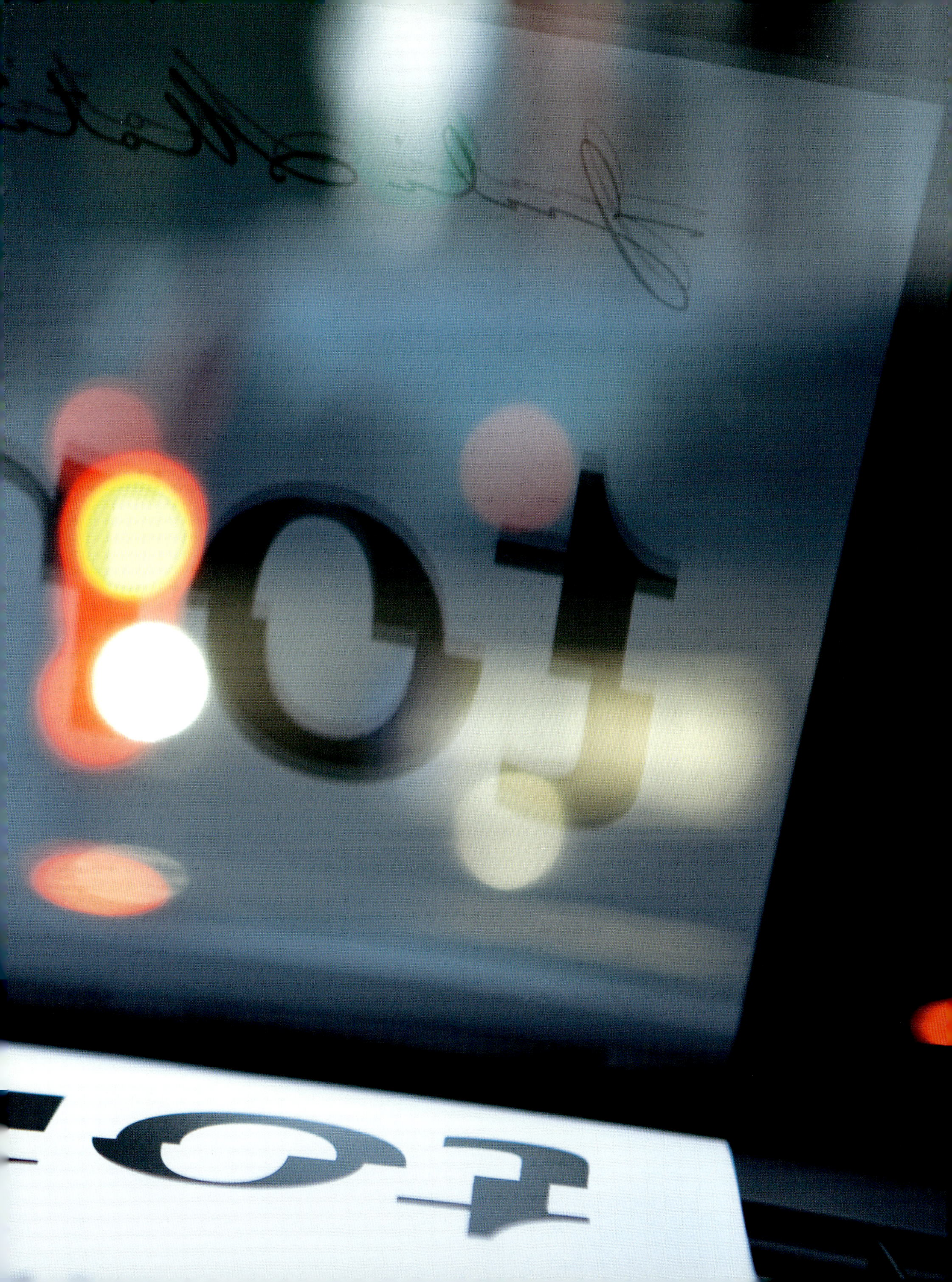

Boris Matchin

„Der Zukunft Gehör verschaffen meint: sich für die Zukunft klassischer Musik einzusetzen, ihr eine permanente Entwicklungschance einzuräumen."

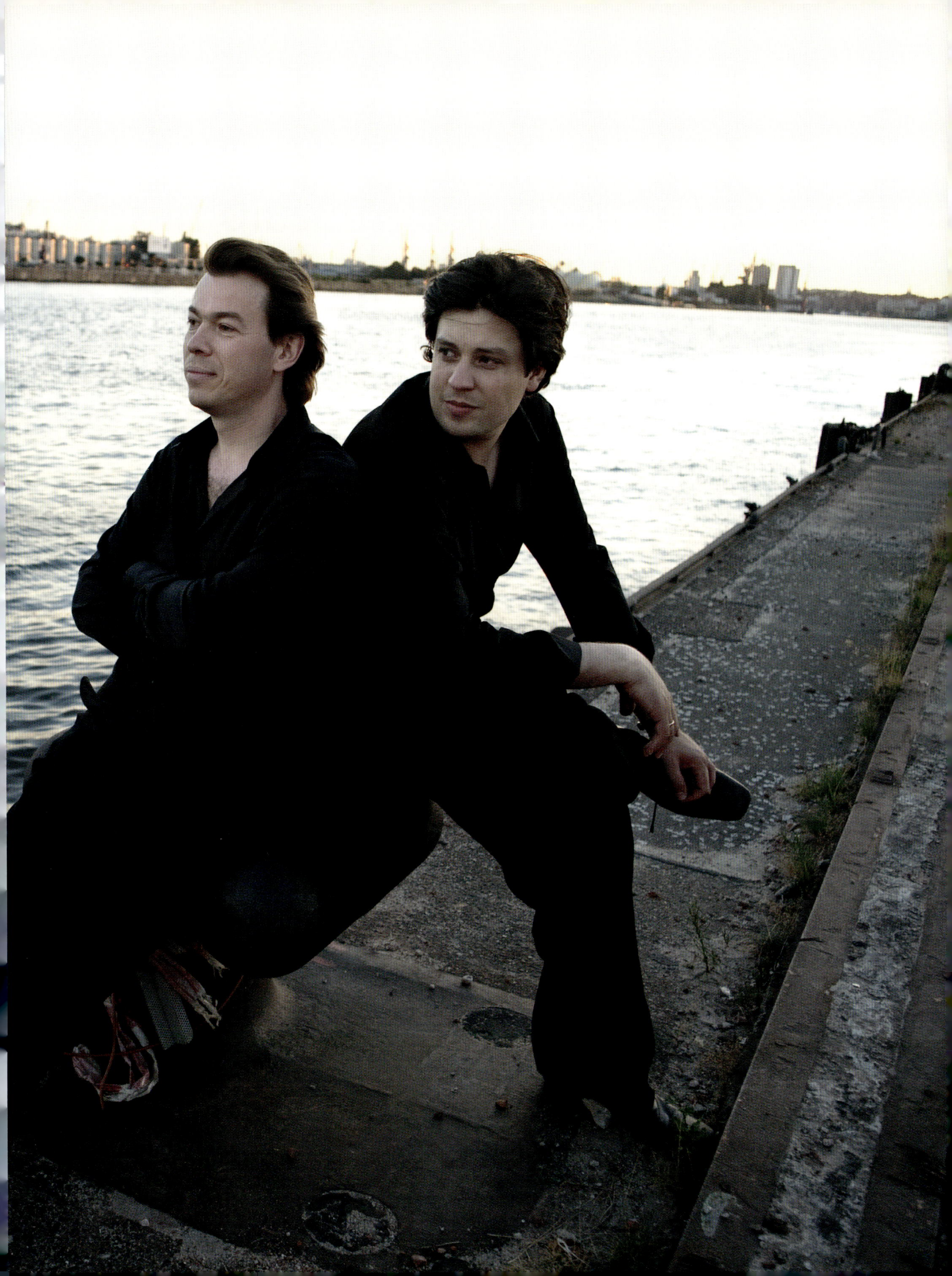

tonali
TONALi10 GRAND PRIX
www.tonali.de
PORSCHE Zentrum Hamburg Nord-West

„Der ganzheitliche Blick auf das Konzertleben begründet den Versuch, mit TONALi neue Wege zu beschreiten."

Amadeus Templeton

doppelseite 74

„Mich hat das auch sehr berührt. Am Anfang konzentriert man sich vielleicht erst mal auf das Optische. Aber wenn sie dann anfängt zu spielen, taucht man sofort in die Musik ein, auch wenn ich eher gestehen muss, dass ich auch nicht so klassisch interessiert bin."

Ein Schüler

doppelseite 75

„Ich dachte auch, sie wäre anders als wir. So in ihrer eigenen Welt. Aber als sie dann angefangen hat zu reden, hat man gemerkt, dass sie genauso ist wie wir. Dass sie dieselben Interessen teilt. Halt nur mit einem Hobby, das sie vertieft und als ihren Zukunftstraum ansieht."

Eine Schülerin

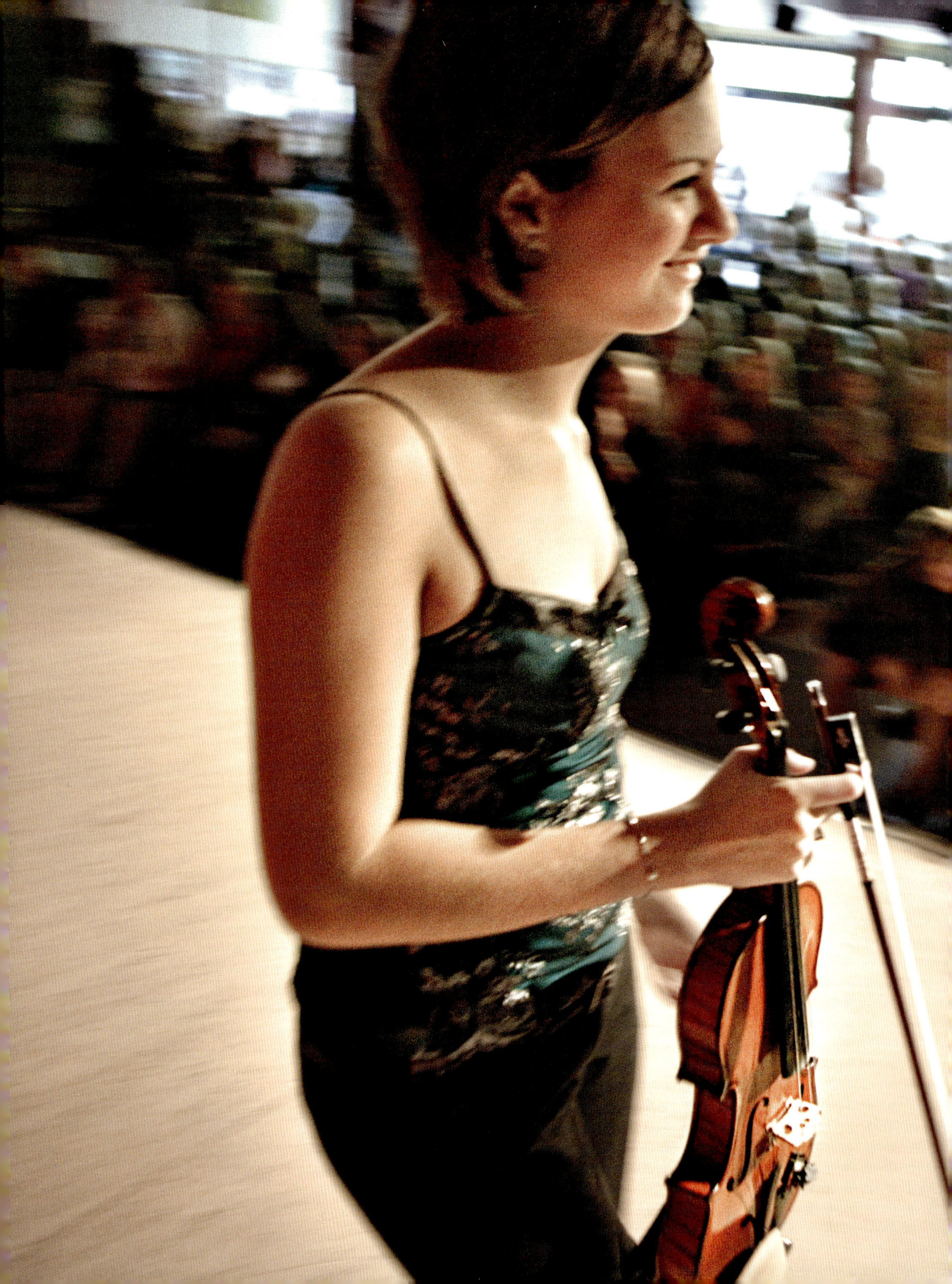

„Irgendwann kam der Moment, wo man so entspannt war und alles drum herum vergessen hat."

Eine Schülerin

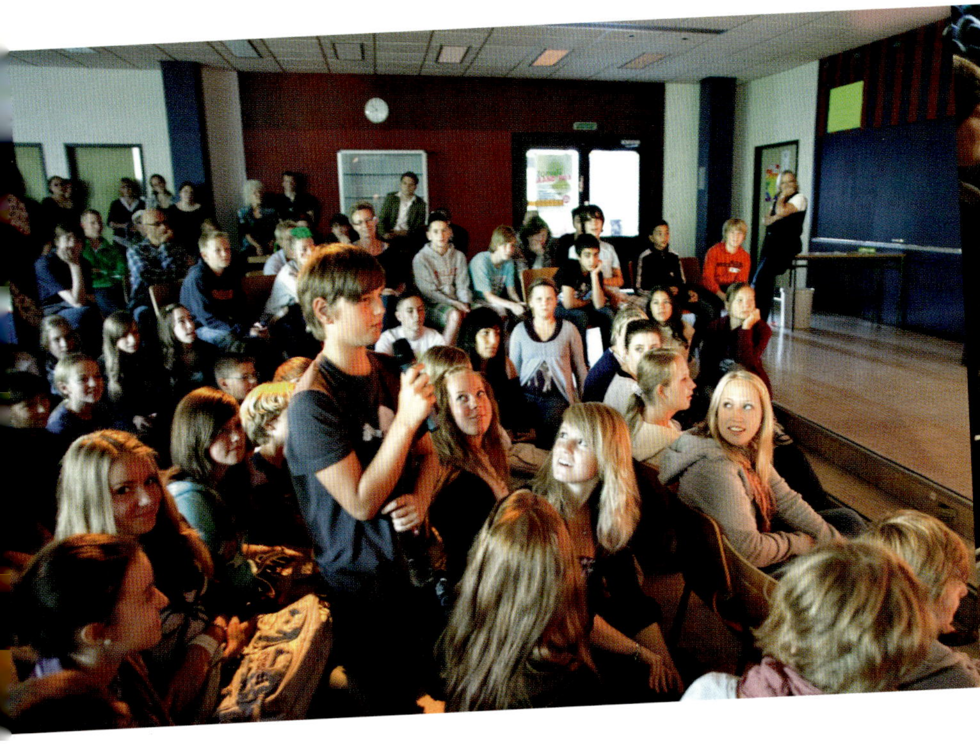
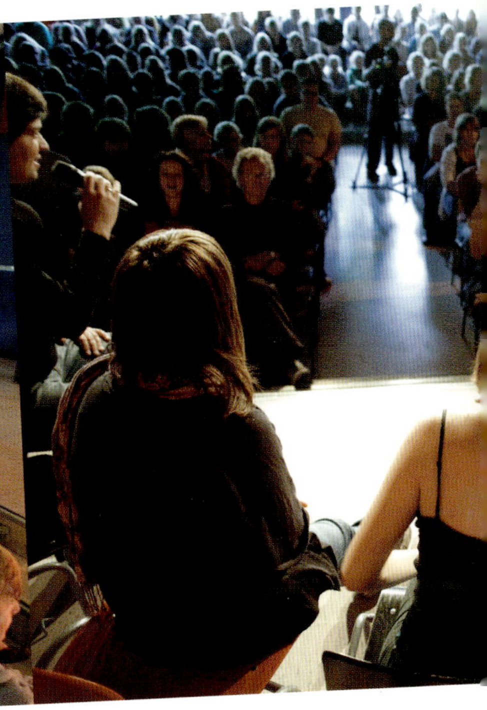

doppelseite 77

„Mich hat es sehr beeindruckt,
das man mit 15 Jahren schon in
der Lage sein kann, so selbstbe-
wusst diese schwere Musik zu
spielen."

Eine Schülerin

doppelseite 78

„Aus der Zukunft
Gegenwart gestalten"

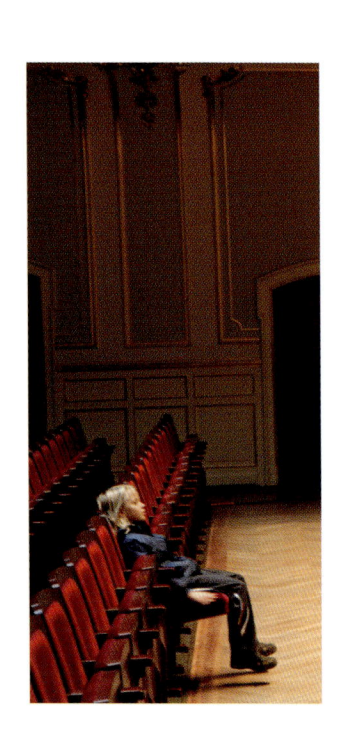

© 2011 TONALi gemeinnützige GmbH, Hamburg

Alle Rechte vorbehalten. Kein Teil dieses Buches darf in irgendeiner Form (Druck, Fotokopie oder einem anderen Verfahren) ohne schriftliche Genehmigung der TONALi gemeinnützigen GmbH oder des Verlages reproduziert oder unter Verwendung elektronischer Systeme verarbeitet werden.

Gedruckt auf chlorfreiem Papier   ISBN 978-3-940982-28-5